Technischer Fortschritt, Wirtschaftsstruktur
und Leistungsbilanzentwicklung

Europäische Hochschulschriften
Publications Universitaires Européennes
European University Studies

Reihe V
Volks- und Betriebswirtschaft

Série V Series V
Sciences économiques, gestion d'entreprise
Economics and Management

Bd./Vol. 2368

PETER LANG
Frankfurt am Main · Berlin · Bern · New York · Paris · Wien

Dirk Rübesamen

Technischer Fortschritt, Wirtschaftsstruktur und Leistungsbilanzentwicklung

PETER LANG
Europäischer Verlag der Wissenschaften

Die Deutsche Bibliothek - CIP-Einheitsaufnahme

Rübesamen, Dirk:

Technischer Fortschritt, Wirtschaftsstruktur und Leistungsbilanzentwicklung / Dirk Rübesamen. - Frankfurt am Main ; Berlin ; Bern ; New York ; Paris ; Wien : Lang, 1998
(Europäische Hochschulschriften : Reihe 5, Volks- und Betriebswirtschaft ; Bd. 2368)
Zugl.: Hannover, Univ., Diss., 1998
ISBN 3-631-33922-4

D 89
ISSN 0531-7339
ISBN 3-631-33922-4

Inhaltsverzeichnis

Abbildungsverzeichnis

Symbolverzeichnis

A_{it}	Effizienzparameter des Sektors i in Periode t
A_{tt}	Effizienzparameter beider Sektoren in Periode t
b_t	Leistungsbilanzsaldo in Periode t
c_{it}	Konsum des Gutes i in Periode t
C_t	Realer Konsum in Periode t
E_t	Nominale Konsumausgaben in Periode t
g	Kapitalstockanpassungskostenparameter
I	Investitionen
i	Weltmarktzins
K_{it}	Kapitaleinsatz im Sektor i in Periode t
k_{it}	Kapitalintensität im Sektor i in Periode t
K_t	Kapitalstock in Periode t
L_{it}	Arbeitseinsatz im Sektor i in Periode t
L_t	Arbeitsbestand in Periode t
P_t	Preisniveau in Periode t
p_t	Relativer Preis des nicht gehandelten Gutes in Periode t
R	Nominaler Diskontfaktor
R_H	Realer Diskontfaktor
S_t	Ersparnis in Periode t
W	Vermögen
W_r	Realvermögen
x_{it}	Produktion des Sektors i in Periode t
Y_t	Einkommen in Periode t
Z	Gesamte Investitionskosten
α_{it}	Anteil des Produktionswerts des Gutes i in Periode t am Gesamtvermögen
β_t	Anteil des Konsums des nicht gehandelten Gutes an den Ausgaben in Periode t
γ	Anteil der Ausgaben für Zukunftskonsum an den Gesamtausgaben
ε_{it}	Preiselastizität des Angebots für Gut i in Periode t
ε_{jAit}	Elastizität des Angebots des Sektors j auf eine Produktivitätserhöhung in Sektor i in Periode t
ε_{jAi}	Elastizität des Angebots des Sektor j auf eine permanente Produktivitätserhöhung in Sektor i
ε_{jAtt}	Elastizität des Angebots des Sektor j auf eine sektorneutrale Produktivitätserhöhung in Periode t
λ	Schattennutzungspreis
η_{it}	Preiselastizität der Nachfrage für Gut i in Periode t

η_{CtR}	Elastizität des realen Konsums in Periode t in bezug auf Diskontfaktoränderungen
π	Inflationsrate
ϕ	Intratemporale Substitutionselastizität
σ	Intertemporale Substitutionselastizität
θ_{Ki}	Produktionselastizität des Kapitals in Sektor i

1 Problemstellung und Aufbau der Arbeit

In den letzten 25 Jahren haben auf dem Gebiet der Makroökonomik offener Volkswirtschaften insbesondere zwei Entwicklungen die wirtschaftswissenschaftliche Forschung, aber auch die wirtschaftspolitische Diskussion maßgeblich beeinflußt.

Erstens hat der Zusammenbruch des Bretton Woods-Systems 1973 und der Übergang zu einem weitgehend freien Floating der wichtigsten Währungen - zum Teil entgegen den Erwartungen - sowohl kurzfristig als auch längerfristig zu deutlichen Schwankungen der nominellen und realen Wechselkurse geführt. Dies hat eine Flut von Analysen zur Wechselkurserklärung seit Mitte der siebziger Jahre ausgelöst, deren wichtigste Stränge die monetären Ansätze, Portfolio-Ansätze der Wechselkurserklärung sowie die Asset-Price-Ansätze sind.[1]

Die zweite bedeutende Entwicklung betrifft die Zahlungsbilanzsituation der wichtigsten Volkswirtschaften der Welt. Hier wiederum hat sich das Interesse auf die Teilbilanzen der Zahlungsbilanz konzentriert. Von besonderem Interesse sowohl für die Forschung als auch für die Wirtschaftspolitik waren die Leistungsbilanzsalden. In den siebziger Jahren standen die Reaktionen der Leistungsbilanzen wichtiger Industrieländer auf die beiden Ölpreisschocks von 1973/74 und 1979/80 im Mittelpunkt der Betrachtung. Seit dem Anfang der 80er Jahre gerieten die hohen Salden in den Leistungsbilanzen der USA, Japans und - zumindest bis zum Jahr 1990 - Deutschlands in die Diskussion.[2] Dabei waren im wesentlichen drei Fragen von besonderer Relevanz:

1. Was sind die Ursachen von Salden in der Leistungsbilanz bzw. welche Determinanten bestimmen deren Entwicklung?
2. Gibt es Mechanismen, die zu einem Leistungsbilanzausgleich führen, oder können Leistungsbilanzsalden dauerhaft Bestand haben?
3. Wie sind diese Leistungsbilanzsalden wirtschaftspolitisch zu bewerten? Erfordern sie Korrekturmaßnahmen, oder verbieten sich wirtschaftspolitische Eingriffe zum Erreichen vorgegebener Leistungsbilanzziele?

Gegenstand dieser Arbeit ist eine Auseinandersetzung mit der ersten Frage. Dabei geht es allerdings nicht um eine umfassende Darstellung

---

[1] Einen Überblick über die verschiedenen Ansätze der Wechselkurstheorie liefern u. a. Baltensperger (1992), Frenkel und Mussa (1985) und Zis (1988).

[2] Vgl. Genberg und Swoboda (1989, 2).

aller die Leistungsbilanz erklärenden Determinanten.[3] Vielmehr soll gezeigt werden, welche Interdependenzen zwischen der Leistungsbilanzsituation einer Volkswirtschaft und ihrer Wirtschaftsstruktur bestehen.

Das Anliegen ist es zu zeigen, wie sich binnenwirtschaftliche Störungen auf die Wirtschaftsstruktur und damit auf den Leistungsbilanzsaldo der Volkswirtschaft auswirken.[4]

Daß die Leistungsbilanz nicht ausschließlich durch makroökonomische Größen wie beispielsweise die Geldmenge, Wechselkurse, das Preisniveau oder die Höhe der Staatsausgaben bestimmt wird, sondern auch strukturelle Faktoren relevant sind, darauf haben neben anderen Bruno (1976), Neary (1980), Marion (1984) und Razin (1984) hingewiesen.

Phänomene des Strukturwandels werden typischerweise auf nachfrage- und angebotsseitige Störungen zurückgeführt. Nachfrageseitige Schocks können sich als Folge veränderter Präferenzen ergeben. Störungen auf der Angebotsseite können Ausdruck einer veränderten Faktorausstattung oder einer verbesserten Produktionstechnologie sein. Wirtschaftspolitische Maßnahmen können ebenfalls über ihre Angebots- und Nachfragewirkungen strukturelle Veränderungen einleiten.

Die Analyse in dieser Arbeit wird sich auf angebotsseitige Schocks beschränken. Konkret wird der Frage nachgegangen, welche Wirkungen der technische Fortschritt auf die Wirtschaftsstruktur und die Leistungsbilanz einer Volkswirtschaft ausübt. Produktivitätsverbesserungen verändern unmittelbar das Güterangebot der von ihnen betroffenen Sektoren. In Verbindung mit den hieraus resultierenden Einkommens- und Nachfrageeffekten werden sich in der Regel auch Anpassungen der relativen Güter- und Faktorpreise ergeben, die ihrerseits wieder auf die Produktions- und Konsumstruktur zurückwirken. Hiervon werden schließlich die Exportsektoren und die importkonkurrierenden Sektoren und damit auch die Leistungsbilanz berührt.

Diese Gedanken werden im folgenden aufgegriffen. Die Auswirkungen des technischen Fortschritts auf die Leistungsbilanzentwicklung werden in dieser Arbeit modelltheoretisch für eine kleine offene Volkswirtschaft

---

3 Eine Übersicht über hier nicht behandelte Determinanten der Leistungsbilanz wird in Kapitel zwei gegeben.

4 Vorstellbar ist natürlich auch eine Auseinandersetzung mit der umgekehrten Wirkungsrichtung, d. h. wie außenwirtschaftliche Gegebenheiten, z. B. Störungen auf dem Weltkapitalmarkt, über die Leistungsbilanz und die Handelsströme die Wirtschaftsstruktur beeinflussen. Diesen Problemen wird hier allerdings nicht weiter nachgegangen.

analysiert. Im zweiten Kapitel wird eine Einordnung dieser Arbeit in bestehende Ansätze der Leistungsbilanzerklärung gegeben. Daneben wird die zur Analyse verwendete Methodik erläutert.

In Kapitel drei wird ein Modellrahmen zur Analyse der Fragestellung entwickelt, auf dem die weiteren Untersuchungen aufbauen. Die Wirtschaftsstruktur wird über die Modellierung zweier Sektoren abgebildet, in denen die Faktoren Arbeit und Kapital zur Produktion eingesetzt werden. Auf der Grundlage eines intertemporalen Optimierungskalküls treffen Haushalte und Unternehmen ihre Spar- und Investitionsentscheidungen.

Die Kapitel vier bis sechs analysieren die Effekte des technischen Fortschritts. Das vierte und fünfte Kapitel untersuchen die Konsequenzen einer Produktivitätsverbesserung, die jeweils nur in einem der beiden Sektoren auftritt, während in Kapitel sechs ein sektorneutraler, gesamtwirtschaftlicher technischer Fortschritt betrachtet wird.

Das abschließende siebte Kapitel faßt die wichtigsten Ergebnisse zusammen.

2 Einordnung der Arbeit und methodisches Vorgehen

In theoretischen und empirischen Analysen dominierten lange Zeit traditionelle makroökonomische Ansätze, in denen als Determinanten der Leistungsbilanz Preise der Export- und Importgüter, Wechselkurse und die Einkommensentwicklung im Inland und im Ausland fungieren.[1]

Etwa seit dem Ende der siebziger Jahre hat sich in der monetären Außenwirtschaftstheorie - der Entwicklung in der Makroökonomik folgend - ein Paradigmawechsel vollzogen. In einem Großteil der Analysen außenwirtschaftlicher Fragestellungen erfolgt seitdem eine mikroökonomische Fundierung der Verhaltensgrößen aus individuellen Nutzen- und Gewinnmaximierungskalkülen.

Sieht man einmal von internationalen Einkommenszahlungen und laufenden Übertragungen ab, so reduziert sich die Leistungsbilanz einer Volkswirtschaft auf die Erfassung des internationalen Handels mit Waren und Dienstleistungen.[2] Leistungsbilanzänderungen können sich dann ergeben, wenn sich Export- und/oder Importwert ändern. Diese wiederum können die Ursache von Preis- und/oder Mengenänderungen in den Exportgüterindustrien und importkonkurrierenden Sektoren sein. Da die Angebotsmengen in diesen Sektoren stets das Ergebnis von Entscheidungen der Unternehmen über den Einsatz von Produktionsfaktoren sind, ist die Leistungsbilanz ebenfalls das Ergebnis der Allokation volkswirtschaftlicher Ressourcen und damit aber auch des Optimierungsverhaltens rational handelnder Wirtschaftssubjekte. In diesem Sinne wird die Leistungsbilanz in dieser Arbeit interpretiert.

Daß die Leistungsbilanz ein allokatives Ergebnis ist, wird zwar auch in der traditionellen, neoklassisch geprägten Außenhandelstheorie herausgestellt. In diesen Ansätzen sind die Leistungs- bzw. Handelsbilanzsalden jedoch gleich Null, da von internationalen Kapitalbewegungen abstrahiert wird. Die weltwirtschaftliche Integration vollzieht sich tatsächlich allerdings nicht nur in Form von Handelsbeziehungen, sondern in zunehmendem Maße über zwischenstaatlichen Kapitalverkehr, der den internationalen Güterhandel an Bedeutung übertroffen hat.

Internationale Kapitalbewegungen lassen es zu, daß ein Zahlungsbilanzausgleich möglich ist, ohne daß dies zugleich für die Leistungs- oder Kapi-

---

1 Vgl. Genberg und Swoboda (1992).

2 Zur Zahlungsbilanzsystematik vgl. Deutsche Bundesbank (1995).

talbilanz der Fall sein muß. Das Problem der allokativen Erklärung des Außenhandels ist somit losgelöst vom Ausgleich der Leistungsbilanz zu sehen und bekommt auf diese Weise eine zusätzliche Dimension.

Dies wird insbesondere dadurch deutlich, daß der Leistungsbilanzsaldo der Differenz aus gesamtwirtschaftlicher Ersparnis und Investition entspricht. Interpretiert man die Ersparnis einer Volkswirtschaft als Kapitalangebot auf einem integrierten Weltkapitalmarkt und die Investitionen als Kapitalnachfrage, so entspricht der Leistungsbilanzsaldo einem Nettokapitalexport bzw. dem mit einem negativen Vorzeichen versehenen Saldo der Kapitalbilanz im weiteren Sinne. Beide Salden werden folglich simultan erklärt.[3] Es verbieten sich damit einseitige Kausalitäten zwischen beiden Teilbilanzen, und zwar auch solche, die eine typische Erklärung der Leistungsbilanz (über Einkommen und relative Preise) vornehmen, ebenso wie solche, in denen von saldenmechanischen Zusammenhängen auf Ursache-Wirkungsketten abgestellt wird.[4]

Da sowohl die Ersparnis als auch die Investitionen Ausdruck eines intertemporalen Entscheidungskalküls sind, sind auch die Zahlungsbilanz und ihre Teilbilanzen intertemporale Phänomene. Gegenwärtige Entscheidungen haben einen Einfluß auf zukünftige Größen. In solch einem „Saving-Investment-Approach“ gewinnen aber auch die Erwartungen der Wirtschaftssubjekte an Bedeutung. Sie beeinflussen das Verhalten der Wirtschaftssubjekte in der Gegenwart. Erwartungsänderungen führen damit zu Anpassungen des gegenwärtigen Verhaltens, ohne daß beobachtbare Variablen eine Änderung erfahren haben müssen.

Diese intertemporalen Ansätze haben mittlerweile eine weite Verbreitung in der Außenwirtschaftstheorie gefunden und dienen der Analyse unterschiedlicher Fragestellungen, von denen die wichtigsten an dieser Stelle skizziert werden.[5] Die Vielzahl der Arbeiten zur Leistungsbilanzentwicklung lassen sich inhaltlich in drei Gruppen einteilen:

1. Ansätze zur Untersuchung weltwirtschaftlicher Störungen auf die Leistungsbilanz einer Volkswirtschaft,

---

3 Siehe hierzu auch die grundsätzliche Behandlung bei Heinemann (1992).

4 Vgl. z. B. Pohl (1988) und Howard (1989).

5 Diese Zusammenstellung erhebt keinen Anspruch auf Vollständigkeit, sondern gibt einen Überblick über wesentliche Entwicklungsstränge der intertemporalen Zahlungsbilanztheorie und erleichtert damit die Einordnung dieser Arbeiten in die vorhandenen Ansätze. Überblicksartikel über den Saving-Investment-Approach finden sich bei Bruce und Purvis (1985), Brock (1988) Frenkel und Razin (1994), Sen (1994), Turnovsky und Sen (1995), Obstfeld und Rogoff (1995 und 1996).

2. Ansätze zur Analyse der Außenwirtschaftspolitik eines Landes auf seine Leistungsbilanz und

3. Ansätze zur Untersuchung binnenwirtschaftlicher Einflüsse auf die Leistungsbilanz der betreffenden Volkswirtschaft.

In die erste Gruppe fallen alle diejenigen Arbeiten, die Datenänderungen auf dem Weltmarkt bezüglich ihrer Leistungsbilanzwirkungen hinterfragen. Typischerweise ist die betrachtete Volkswirtschaft ein ökonomisch kleines Land, so daß die untersuchten Datenänderungen als exogen angenommen werden können. Die analysierten Störungen können sich auf dem Weltkapitalmarkt abspielen. Hierunter fallen die Arbeiten von Bruno (1982) sowie Persson und Svensson (1985), die sich mit den Konsequenzen von Weltmarktzinsänderungen befassen. Im weitesten Sinne lassen sich hierunter auch die Untersuchungen einordnen, die sich der Transfertheorie in einem intertemporalen Kontext widmen wie z. B. Brock und Turnovsky (1994) sowie Brock (1996).

Einen breiten Raum innerhalb der intertemporalen Ansätze nehmen diejenigen Ansätze ein, die sich mit Preisänderungen auf den Weltgütermärkten beschäftigen. Hierbei lassen sich Arbeiten zu Terms of Trade-Änderungen bei Endprodukten und zu Preisänderungen bei importierten Zwischenprodukten unterscheiden.

Die Frage nach den Wirkungen von Terms-of-Trade-Änderungen spielt eine wichtige Rolle in dem Absorptionsansatz zur Leistungsbilanzerklärung. Hierbei geht es darum, wie das Realeinkommen einer Volkswirtschaft auf Verschlechterungen oder Verbesserungen der Terms of Trade reagiert. Veränderte Realeinkommen haben dann Rückwirkungen auf die Ersparnis und damit auf die Leistungsbilanz. Die Diskussion beschäftigte sich insbesondere mit dem Laursen-Metzler-Harberger-Effekt, der bei Verschlechterung der Terms of Trade Realeinkommenssenkungen und eine Passivierung der Leistungsbilanz konstatiert.[6]

Während in älteren Arbeiten der Zusammenhang zwischen Realeinkommen und Ersparnis über eine konstante Sparquote abgebildet wird, nehmen die intertemporalen Ansätze eine mikroökonomische Fundierung der Sparentscheidungen vor. Obstfeld (1982 und 1983), Matsuyama (1988) sowie Persson und Svensson (1985) verwenden den einfachsten Fall eines Zwei-Güter-Modells mit einem Export- und Importgut. Verallgemeinerungen finden sich für den n-Güter-Fall bei Bean (1986) sowie Svensson und Razin (1983). Eine Erweiterung stellen Modelle dar, die neben international gehandelten Gütern auch einen Sektor integrieren,

[6] Siehe hierzu die Arbeiten von Harberger (1950) sowie Laursen und Metzler (1950).

der nicht gehandelte Güter herstellt. Ansätze dieses Typs finden sich bei Ostry (1988), Gavin (1990) und Murphy (1992).

Weltmarktpreisänderungen können sich auch bei importierten Vorleistungen ergeben. Eine starke Bedeutung erlangten diese Untersuchungen im Zusammenhang mit den Leistungsbilanzeffekten der beiden Ölpreisschocks. Arbeiten hierzu liefern Calvo und Findlay (1978), Obstfeld (1980), Bruno und Sachs (1982a und 1982b), Marion (1984), Marion und Svensson (1984), Svensson (1984) sowie Rübel (1988a und 1988b).

Die zweite Gruppe der intertemporalen Ansätze verfolgt das Ziel, die Leistungsbilanzeffekte außenwirtschaftspolitischer Maßnahmen herauszuarbeiten. Im Bereich der Außenhandelspolitik werden überwiegend handelshemmende Maßnahmen untersucht. Djajic (1987) beschäftigt sich mit der Einführung von Importkontingenten. Die Leistungsbilanzkonsequenzen von Zollpolitiken dagegen werden von Murphy (1986b), Edwards (1989a und 1989b), Roldos (1991) und Turnovsky (1991) untersucht. Lopez und Panagariya (1990) sowie Svensson und Razin (1983) vergleichen die Effekte von Importzöllen und Exportsteuern. Mit dem Abbau von Handelshemmnissen befaßt sich die Arbeit von Ostry (1990).

Eingriffe in den internationalen Kapitalverkehr bilden den Aufhänger für weitere Arbeiten im Bereich der Außenwirtschaftspolitik. Edwards (1989b) und Bovenberg (1989) arbeiten die Wirkungen von Besteuerungen des internationalen Kapitalverkehrs auf den Leistungsbilanzsaldo heraus, während sich Adams und Greenwood (1985), Clarida (1990) und Mendoza (1991) mit Kapitalverkehrsbeschränkungen befassen. Den Abbau von Kapitalverkehrsbeschränkungen analysieren Edwards und van Wijnbergen (1986) sowie Bhandari (1989), wobei diese die Kapitalverkehrsliberalisierung im Zusammenhang mit der Handelsliberalisierung untersuchen und nach der optimalen Reihenfolge fragen.

Die dritte Gruppe der Arbeiten schließlich setzt sich mit primär binnenwirtschaftlichen Schocks und ihren Rückwirkungen auf die Leistungsbilanz auseinander. Einen Schwerpunkt innerhalb dieser Gruppe bilden die Untersuchungen staatlicher Ausgaben- und Steuerpolitiken in einem intertemporalen Kontext. Ein Großteil der Studien ist in den 80er Jahren entstanden, nachdem sowohl der Staatshaushalt als auch die Leistungsbilanz der USA hohe Defizite auswiesen („Zwillingsdefizite"). Konkret geht es um die Frage, ob staatliche Budgetdefizite ursächlich für Leistungsbilanzsalden sind. Hierunter fallen u. a. die Arbeiten von Frenkel und Razin (1985, 1986a, 1986b und 1994), Devereux (1987), Darrat (1988), Djajic (1989), Murphy (1989), Doch (1991) und Baxter (1992). Darüber hinaus untersuchen Brock (1988) sowie Sen und Turnovsky (1990) staatliche Maßnahmen der Investitionsförderung.

Neben dem Komplex staatlicher Eingriffe in den Wirtschaftsprozeß fallen in die dritte Gruppe auch veränderte Angebotsbedingungen. So untersucht Bruno (1976) u. a. die Wirkungen von Faktorbestandsänderungen auf die Leistungsbilanzentwicklung. Erhöhte Produktionsmöglichkeiten in Form technologischer Verbesserungen werden in einem Modell, in dem die betrachtete Volkswirtschaft auf ein Gut vollständig spezialisiert ist, behandelt bei Sachs (1981 und 1982), van Wijnbergen (1984), Finn (1990), Obstfeld und Rogoff (1996) und Rübesamen (1996). Obstfeld (1983), Matsuyama (1988), Murphy (1986a) sowie Obstfeld und Rogoff (1996) erweitern die Angebotsseite um einen zweiten Sektor, wobei in den beiden zuletzt genannten Arbeiten der zusätzliche Sektor international nicht gehandelte Güter herstellt.

Die vorliegende Arbeit stellt eine Ergänzung dieser Ansätze dar. Die Konsequenzen des technischen Fortschritts für den Leistungsbilanzsaldo werden in einem allgemeinen intertemporalen Gleichgewichtsmodell untersucht, dessen wesentliche Eigenschaften hier vorgestellt werden.

Im folgenden Kapitel wird ein Zwei-Perioden-Modell einer kleinen offenen Volkswirtschaft entwickelt, die sich auf den Weltgüter- und -kapitalmärkten als Mengenanpasser verhält. Die Beschränkung auf zwei Perioden ist der Minimalrahmen, in dem das Spar- und Investitionsverhalten untersucht werden kann. Dennoch lassen sich anhand dieser Ansätze einige wichtige Einsichten in intertemporale Zusammenhänge in offenen Volkswirtschaften gewinnen, zumal sie analytisch noch handhabbar sind und ohne willkürliche Annahmen auskommen, die in Modellen mit unendlichem Planungshorizont für die Stabilität des Modells benötigt werden.[7]

Der Nachteil solcher Zwei-Perioden-Modelle liegt darin, daß mit ihnen die Leistungsbilanzdynamik nicht erklärt werden kann.[8] Da die betrachtete Volkswirtschaft ihre intertemporale Budgetrestriktion einhalten muß, ergibt sich, daß z. B. ein Leistungsbilanzdefizit in der ersten Periode durch einen Überschuß in der zweiten Periode ausgeglichen werden muß, d. h. eine Kreditaufnahme in der ersten Periode ist in der zweiten Periode zu tilgen und zu verzinsen. Damit lassen sich aber Fragen nach der Dauerhaftigkeit oder der Zyklizität von Leistungsbilanzsalden in diesem Modellrahmen nicht beantworten.[9]

---

7 Vgl. Smith (1984, 309 f.), Svensson (1984, 670), Persson und Svensson (1985, 45), Matsuyama (1987, 300) sowie Turnovsky und Sen (1995, 31).

8 Vgl. hierzu Persson und Svensson (1985, 45).

9 Siehe zu diesen Problemen Gale (1971), Siebert (1987 und 1989).

In intertemporalen Ansätzen gewinnt die Behandlung der Unsicherheit und der Erwartungsbildung an Bedeutung. Das im nächsten Kapitel vorgestellte Modell ist ein rein deterministisches Modell, in dem mit der Annahme der vollständigen Voraussicht gearbeitet wird, d. h. die Wirtschaftssubjekte antizipieren zukünftige Störungen korrekt und unterliegen keinen Erwartungsirrtümern.[10]

Um strukturelle Effekte auf der Angebotsseite modellieren zu können, müssen auf jeden Fall mindestens zwei Sektoren bzw. Güter in die Analyse einbezogen werden, die beide in der betrachteten Volkswirtschaft produziert werden.[11] Von nicht unerheblicher Bedeutung ist dabei die Art der Güter. Unterscheiden lassen sich für Analysen auf dem Gebiet internationaler Wirtschaftsbeziehungen gehandelte und nicht gehandelte Güter, wobei erstere weiter nach exportierten und importierten bzw. importkonkurrienden Gütern differenziert werden können.[12]

Werden alle Güter gehandelt, so hat dies in einem ökonomisch kleinen Land, das sich gegebenen Terms of Trade auf dem Weltmarkt gegenüber sieht, zur Konsequenz, daß beide Güter nach dem Hicksschen Aggregationstheorem zu einem „composite good" aggregiert werden können. Die Leistungsbilanz wird dann wie in einem Ein-Gut-Modell allein aus der Differenz zwischen Einkommen und Absorption erklärt. Der technische Fortschritt ändert zwar das Einkommen und führt zu Anpassungen der Spar- und Investitionsentscheidungen, allerdings ergeben sich ähnliche Leistungsbilanzwirkungen wie sie auch in Ein-Gut-Modellen zu beobachten sind.[13]

Aus diesem Grund wird im weiteren Verlauf der Arbeit ein Modell mit zwei Gütern verwendet, von denen das eine gehandelt wird, während das andere ein Nichthandelsgut ist.[14] Daß ein Gut nicht gehandelt wird, kann an hohen Transportkosten bzw. mangelnder Transportierbarkeit, national

---

[10] Stochastische Modelle finden sich bspw. bei Clarida (1990) sowie Engel und Kletzer (1990). Nicht antizipierte Schocks und Erwartungsirrtümer werden bei Persson und Svensson (1985) behandelt. Solche Fehleinschätzungen zukünftiger Entwicklungen führen dazu, daß die Anpassungen, in den Folgeperioden vorzunehmen sind, stärker ausfallen als bei korrekten Erwartungen.

[11] Daneben gibt es noch eine Reihe von Ansätzen, in denen zwar zwei Güter konsumiert werden, aber die Volkswirtschaft auf die Produktion nur eines Gutes vollständig spezialisiert ist. Siehe z. B. Greenwood und Kimbrough (1985) sowie Bovenberg (1989).

[12] Vgl. zu den Fragen der Gütermarktmodellierung Sauernheimer (1986, 238 f.).

[13] Vgl. Brock (1988, 235 f.).

[14] Diese Art der Gütermarktmodellierung läßt sich auf Arbeiten von Salter (1959) und Swan (1960) zurückführen.

divergierenden institutionellen Regelungen oder auch Handelshemmnissen liegen.[15] So wird ein Teil der Dienstleistungen, die in den meisten entwickelten Volkswirtschaften einen wachsenden Anteil an der Wertschöpfung haben, nicht international gehandelt, sondern nur für lokale Märkte produziert.[16]

Eine weitere Annahme betrifft die Funktionsfähigkeit der Märkte. Hier wird davon ausgegangen, daß alle Güter- und Faktormärkte in beiden Perioden über Anpassungen der Preise geräumt sind.[17] Das Modell ist zudem rein realer Natur, Geldhaltung wird nicht abgebildet. Die in einigen Modellen verwendeten „Cash-in-Advance"-Spezifikationen der Geldnachfrage führen letztlich zu ähnlichen Budgetrestriktionen wie reale Modelle, solange keine Änderungen der Geldmenge vorgenommen werden.[18]

Die Arbeit nimmt ferner ausschließlich eine positive Analyse der Leistungsbilanzeffekte des technischen Fortschritts vor. Zwar lassen sich aufgrund der mikroökonomischen Fundierung auch Wohlfahrtsaussagen treffen. Jedoch wird auf eine normative Interpretation von Leistungsbilanzsalden verzichtet.[19]

Technischer Fortschritt kann in Form von Produkt- und Prozeßinnovationen auftreten.[20] Da in dieser Arbeit der Rahmen eines Zwei-Güter-Modells beibehalten werden soll, beschränken sich die folgenden Ausführungen auf Prozeßinnovationen. Für den Analysezweck ist es aus-

---

15 Vgl. hierzu ausführlicher z. B. Siebert (1988, 48 ff.) und Kater (1995, 64 ff.).

16 Die Begriffe „nicht handelbar" oder „nicht handelsfähig" werden bewußt gemieden. Natürlich sind Dienstleistungen generell handelbar. Aber aufgrund der oben erwähnten Faktoren kommt ein Handel mit diesen Gütern nur bedingt zustande.

17 Rationierungen auf Faktormärkten werden bei Persson (1982), Persson und Svensson (1983) sowie Cuddington und Viñals (1986b), abgebildet.

18 Vgl. hierzu Cuddington und Viñals (1986a) und Rübel (1988b).

19 Siehe zu den Wohlfahrtsaspekten von Leistungsbilanz- und Kapitalbilanzsalden die Diskussion bei Schröder (1989), Issing und Masuch (1989 und 1990) und Köhler (1990). Corden (1991 und 1992) vertritt den Standpunkt, daß die Ansicht, jeder Saldo sei optimal, nicht aufrechterhalten werden kann, solange man die zugrundeliegenden Entscheidungen nicht genauer kennt: „Looking at the current account figure on its own reveals nothing." (Corden, 1992, 567). Corden sieht hier eine Analogie zur Außenhandelstheorie, in der Freihandel für ein kleines Land nur dann optimal ist, wenn es keine Verzerrungen im Inland gibt. Falls solche Verzerrungen vorliegen, ist die erstbeste Politik, diese zu beseitigen.

20 Diese Unterscheidung ist weit verbreitet, aber nicht immer trennscharf, zumal Produktinnovationen häufig mit verbesserten Verfahren einhergehen. Vgl. hierzu sowie zu der folgenden Klassifikation des technischen Fortschritts Walter (1977, 569 f.) und Rose (1987, 145 ff.).

reichend von autonomen technologischen Verbesserungen auszugehen, die als modellexogen abgebildet werden können.[21]

Ferner wird davon ausgegangen, daß der technische Fortschritt neutral in Sinne von Hicks ist. Bei gegebenen Kapitalintensitäten wird das Verhältnis der Grenzprodukte der Faktoren nicht verändert. Anders formuliert werden durch den Hicks-neutralen technischen Fortschritt bei gegebenem Verhältnis der Grenzproduktivitäten der Faktoren die optimalen Kapitalintensitäten des jeweiligen Sektors konstant bleiben.

Die Wirkungen des technischen Fortschritts werden in dieser Arbeit zunächst sektoral getrennt betrachtet. In Kapitel vier wird ein technischer Fortschritt im Sektor der nicht gehandelten Güter behandelt, während im fünften Kapitel die Produktivitätsverbesserung ausschließlich im Handelssektor stattfindet. Das sechste Kapitel analysiert die Effekte eines technischen Fortschritts, der in beiden Sektoren gleichzeitig auftritt.

Jedes dieser drei Kapitel betrachtet zunächst Produktivitätsverbesserungen, die nur temporärer Natur sind, d. h. ausschließlich in der Gegenwart stattfinden, so daß sich die Faktorproduktivitäten nur vorübergehend verbessern, in den Folgeperioden aber die ursprünglichen Produktivitäten wieder erreicht werden. Anschließend wird ein technischer Fortschritt behandelt, der in der zweiten Periode auftritt und von den Unternehmen und Haushalten korrekt antizipiert wird. Diese zukünftig erwarteten Produktivitätsverbesserungen werden in aller Regel bereits in der Gegenwart zu einer Revision der bisherigen Planungen führen. Die Unternehmen werden ihr Investitionsverhalten verändern, während die Haushalte in Erwartung künftig steigender Einkommen ihre Konsum- bzw. Sparentscheidungen bereits in der Gegenwart anpassen werden. Schließlich wird in jedem Kapitel die Kombination der beiden vorangegangen Fälle, der permanente technische Fortschritt, untersucht. Die Produktivitätsverbesserungen bei den Faktoren treten in der Gegenwart auf und bleiben in ihrer Wirkung auch in künftigen Perioden erhalten.

Der Aufbau jedes Unterkapitels ist einheitlich. Zunächst werden die Konsequenzen der technologischen Verbesserungen für die Angebots- und Investitionsentscheidungen der Unternehmen bei zunächst unveränderten relativen Güterpreisen untersucht. Anschließend werden die sich über die Vermögensänderungen ergebenden Konsumnachfrageeffekte analysiert.

---

[21] In der neuen Wachstumstheorie wird eine Endogenisierung des technischen Fortschritts vorgenommen, die auf verschiedene Arten erfolgen kann, z. B. durch die Berücksichtigung von Forschungs- und Entwicklungsaktivitäten oder der Humankapitalbildung, die jeweils technisch-organisatorisches Wissen generieren, das die Produktivität der Faktoren erhöht. Vgl. z. B. Romer (1996, 95 ff.).

Die resultierenden Ungleichgewichte auf den Märkten werden zu Preisanpassungen führen, die ihrerseits Rückwirkungen auf die Angebots- und Nachfrageentscheidungen von Haushalten und Unternehmen haben werden. Mit diesen preisinduzierten Angebots- und Nachfrageeffekten werden dann jeweils die Änderungen des Leistungsbilanzsaldos analysiert.

3 Ein Modell zur Analyse der Leistungsbilanzentwicklung

Das nun folgende Zwei-Güter-Zwei-Faktoren Modell analysiert das allgemeine intertemporale, zweiperiodige Gleichgewicht in einer kleinen offenen Volkswirtschaft, in der keine staatlichen Aktivitäten stattfinden. Folglich existieren nur Haushalte und Unternehmen. Der Einfachheit halber wird davon ausgegangen, daß jeder Sektor nur mit einem repräsentativen Wirtschaftssubjekt besetzt ist, das sich jeweils konkurrenzwirtschaftlich verhält, also die Preise der Güter und Faktoren als gegeben nimmt und sich mit seinen angebotenen und nachgefragten Mengen hieran anpaßt.

3.1 Das Verhalten der Unternehmen

Die Unternehmen treten in der Modellwirtschaft als Anbieter von Gütern auf, tätigen Investitionen und fragen die Produktionsfaktoren nach. Die Produktionsfunktionen beider Sektoren sind linear-homogen mit positiven und abnehmenden Grenzprodukten der beiden Faktoren Kapital (K) und Arbeit (L).[1] Aufgrund der Annahme eines Homogenitätsgrades von Eins lassen sich die Produktionsfunktionen in intensiver Form darstellen:

$$x_{it} = A_{it} L_{it} f_i(k_{it}) \qquad (3.1\text{-}3.4)$$

Hierbei ist x der Output, i der Index für den Sektor (i=1,2) und t der Zeitindex (t=1,2). A ist ein Technologieparameter, k die Kapitalintensität. Aufgrund der Annahmen bezüglich der Produktionstechnologie gilt:

$$\frac{\partial f_i}{\partial k_{it}} \equiv f_{it}' > 0$$

und

$$\frac{\partial^2 f_i}{\partial k_{it}^{\;2}} \equiv f_{it}'' < 0 .$$

Das im zweiten Sektor hergestellte Gut wird international nicht gehandelt und dient zudem ausschließlich konsumtiven Zwecken. Das erste Gut

---

1 Die Annahme linear-homogener Produktionsfunktionen und abnehmender Grenzprodukte impliziert, daß die Kreuzableitungen der Produktionsfunktionen positiv sind (vgl. Hesse/Linde, 1976, 67 ff.).

hingegen wird international gehandelt und kann neben dem Ex- bzw. Import auch für den inländischen Konsum oder für Investitionszwecke verwendet werden. Der Preis des ersten Gutes wird exogen vom Weltmarkt vorgegeben.

Investitionen werden von den Unternehmen getätigt, indem sie Teile der Produktion des ersten Sektors einbehalten und hiermit die Produktionskapazitäten erhöhen. Hierbei wird angenommen, daß die neu installierten Kapitalgüter erst mit der Verzögerung einer Periode kapazitätswirksam werden. Vereinfachend wird zudem unterstellt, daß keine Abschreibungen auf den Kapitalstock vorgenommen werden, so daß Brutto- und Nettoinvestitionen übereinstimmen.

Aufgrund der Annahme des endlichen Planungshorizonts und der hier unterstellten einperiodigen Lag-Struktur werden in der letzten (zweiten) Periode keine Investitionen getätigt, da weder eine Veräußerung des vorhandenen Kapitalstocks noch eine produktive Verwendung des vorhandenen Sachkapitals nach dem Ende des Planungshorizonts möglich ist.[2]

Bei völliger intersektoraler Faktormobilität in beiden Perioden haben die Unternehmen zwei Entscheidungsparameter: den Kapital- und den Arbeitseinsatz in beiden Sektoren und Perioden und zudem die Investitionen in Periode 1. Diese determinieren den gesamten zur Güterproduktion verwendbaren Kapitalstock in der zweiten Periode.

Zielsetzung der Unternehmen ist die Maximierung des Gegenwartswerts der in den Perioden eins und zwei erzielten Einkommen der Volkswirtschaft. Diese Einkommen setzen sich aus den Kapital- und Lohneinkommen zusammen. Diese Formulierung scheint zwar im ersten Moment von der üblichen Maximierung des Barwerts der Gewinne abzuweichen, stimmt aber im Ergebnis mit letzterer überein; denn bei effizienter Faktorallokation ist eine gesamtwirtschaftliche Einkommenserhöhung bei gegebenen Rahmenbedingungen nicht mehr möglich, so daß auch die Kapital- und Arbeitseinkommen maximiert sein müssen.

$$W = x_{11} + p_1 x_{21} - Z + R(x_{12} + p_2 x_{22}) \qquad (3.5)$$

$$\text{mit } Z = I \cdot \left(1 + \frac{g}{2} \frac{I}{K_1}\right)$$

---

2 Modelle mit endlichem Planungshorizont, in denen ein „Verzehr" des Kapitalstocks in der letzten Periode möglich ist, führen qualitativ nicht zu anderen Ergebnissen, vgl. Obstfeld und Rogoff (1996, 17 ff.).

W repräsentiert den Gegenwartswert der im Planungszeitraum erzielten Einkommmen (gemessen in Einheiten des ersten Gutes)[3], R den Diskontfaktor ($R \equiv \frac{1}{1+i}$ mit i als dem vom Weltmarkt vorgegebenen Zinssatz), p_t den relativen Preis des zweiten, nicht gehandelten Gutes in Periode t (t=1,2)[4], I die Investitionen, die in gehandelten Gütern erfolgen, Z die gesamten Investitionskosten und K_1 den Kapitalstock der ersten Periode. Investitionen werden in diesem Modell nur in der ersten Periode vorgenommen, weil Käufe von Kapitalgütern in der zweiten Periode nicht mehr rentabel sind.

Investitionen verursachen in dem hier gewählten Ansatz zwei Arten von Kosten. Zum einen fallen Kosten in Form des Kaufpreises der Investitionsgüter an, wobei der Preis der Investitionsgüter durch den Weltmarktpreis determiniert ist und hier gleich Eins ist. Zum anderen entstehen Kosten durch die Installation der erworbenen Investitionsgüter in Höhe von $\Psi(I) = \frac{g}{2}\frac{I^2}{K_1}$ (Kapitalstockanpassungskosten).[5] Diese Kosten sind positiv, wenn Investitionen erfolgen $(I > 0)$ und steigen mit der Höhe des Investitionsvolumens progressiv an:[6]

---

3 W wird im folgenden als das Vermögen der Volkswirtschaft bezeichnet. Vermögen in diesem weiten Sinne umfaßt alle Quellen von Einkommenserzielungsmöglichkeiten in der Gegenwart und der Zukunft, die in dieser Arbeit aus dem Sachkapital und dem Humankapital (Arbeit) bestehen. Vgl. hierzu auch Hirshleifer (1974, 36 ff.). Hier wie im folgenden werden alle Größen in Einheiten der gehandelten Güter ausgedrückt.

4 Sofern man einer Konvention folgt, den realen Wechselkurs als relativen Preis der gehandelten Güter zu bezeichnen, ist p_t zugleich der Kehrwert des realen Wechselkurses. Ein Anstieg von p_t kann dann zugleich als reale Aufwertung interpretiert werden. Eine weitere verbreitete Definition des realen Wechselkurses stellt auf die Preisniveaus im In- und Ausland ab. Hiernach ist der reale Wechselkurs der relative Preis eines ausländischen Warenkorbes, gemessen in Einheiten des inländischen Warenkorbes. Vgl. hierzu Claassen (1992, 63 ff.) und die Diskussion bei Burda und Wyplosz (1994, 241 ff.).

5 Vgl. hierzu beispielsweise Abel und Blanchard (1983). Alternativ können diese neben dem Kaufpreis der Investitionsgüter bestehenden Kosten begründet werden mit den Ressourcen, die für die Planung des Investitionsprozesses erforderlich sind oder mit der Existenz von Lernprozessen, während derer die Grenzprodukte des Kapitals geringer ausfallen, vgl. Lucas (1967).

6 Der formale Grund für die Verwendung der Kapitalstockanpassungskosten liegt darin, daß auf diese Weise ein eindeutiges Optimum für den Unternehmenssektor bei vorgegebenen relativen Preisen determiniert wird. Auf das Problem der Indeterminiertheit des Kapitalstocks bei vorgegebenen relativen Preisen haben erstmalig Fischer und Frenkel (1972) hingewiesen. Hierauf wird im späteren Verlauf dieses Kapitels

$\Psi(0)=0, \quad \Psi'(I)>0, \quad \Psi''(I)>0$.[7]

Die Restriktionen, die für den Unternehmenssektor zu beachten sind, bestehen aus den folgenden Faktormarktgleichgewichtsbedingungen, wobei angenommen wird, daß mit Ausnahme des Kapitalstocks der zweiten Periode alle Faktorangebote exogen gegeben sind (völlig preisunelastisch reagieren). Die Restriktionen des Optimierungsproblems lauten somit:

$$L_1 = L_{11} + L_{21} \tag{3.6}$$

$$L_2 = L_{12} + L_{22} \tag{3.7}$$

$$K_1 = K_{11} + K_{21} \tag{3.8}$$

$$K_{12} + K_{22} = K_1 + I = K_2 \tag{3.9}$$

Gleichungen (3.6) und (3.7) bezeichnen das Gleichgewicht am Arbeitsmarkt in der ersten bzw. der zweiten Periode, wobei L_1 und L_2 die exogen vorgegebenen Bestände an Arbeit beschreiben. Gleichung (3.8) verlangt, daß der aus der Vergangenheit übernommene Kapitalstock vollständig auf beide Sektoren verteilt wird. In vorangegangenen Perioden getätigte Investitionen sind folglich nicht sektorspezifisch.[8] Intratemporale Umschichtungen des vorhandenen Kapitalstocks können also ohne Verzögerung vorgenommen werden, während intertemporale Änderungen des gesamtwirtschaftlichen Kapitalbestands erst mit einperiodiger Verzögerung erfolgen. Dies wird durch die Gleichung (3.9), die die intertemporale Bewegungsgleichung für den Kapitalstock der Volkswirtschaft wiedergibt, ausgedrückt. Der gesamte Kapitalstock, der in Periode zwei zur Verfü-

---

ausführlicher eingegangen. Im Gegensatz zur Erhöhung des vorhandenen Kapitalbestands verursacht die sektorale Umschichtung des Kapitals - z. B. als Folge der später zu behandelnden Angebotsschocks - keine Anpassungskosten. Ein Modell, in dem diese Art der Anpassungskosten berücksichtigt wird, ist bei Mussa (1978) zu finden.

7 Die gleiche Spezifizierung der Anpassungskosten findet man bei Leiderman und Razin (1989) und Karayalcin (1994).

8 Modelle mit sektorspezifischem Kapital in der Gegenwart finden sich bei Dowla (1990), Eaton (1987), Marion (1984) und Murphy (1988). In diesen Ansätzen werden die sektoralen Kapitalnutzungspreise in der Regel voneinander abweichen. Erst in den Folgeperioden sind die Kapitalnutzungspreise über die Investitionen in beiden Sektoren ausgeglichen.

gung steht (K_2) und sich aus dem Kapitalstock der Vorperiode und den Investitionen zusammensetzt, ist auf beide Sektoren zu verteilen.[9]

Das dynamische Optimierungsproblem läßt sich mittels des Lagrange-Verfahrens lösen.[10] Die Lagrange-Funktion lautet unter Berücksichtigung von (3.1-3.4):

$$\begin{aligned}\Lambda = {} & A_{11}L_{11}f_{11} + p_1A_{21}L_{21}f_{21} - I\left(1+\frac{g}{2}\frac{I}{K_1}\right) + R\left(A_{12}L_{12}f_{12} + p_2A_{22}L_{22}f_{22}\right) \\ & + \lambda_1\left(L_1 - L_{11} - L_{21}\right) + \lambda_2\left(L_2 - L_{12} - L_{22}\right) \\ & + \lambda_3\left(K_1 - K_{11} - K_{21}\right) + \lambda_4\left(I + K_1 - K_{12} - K_{22}\right)\end{aligned} \tag{3.10}$$

Durch Ableitung der Lagrange-Funktion nach den Entscheidungsparametern der Unternehmen (Faktoreinsätze in beiden Sektoren und Perioden sowie die Investitionen) ergeben sich folgende Optimalitätsbedingungen erster Ordnung:[11]

$$\frac{\partial\Lambda}{\partial L_{11}} = A_{11}\left(f_{11} - f'_{11}k_{11}\right) - \lambda_1 = 0 \tag{3.11}$$

$$\frac{\partial\Lambda}{\partial L_{21}} = p_1A_{21}\left(f_{21} - f'_{21}k_{21}\right) - \lambda_1 = 0 \tag{3.12}$$

$$\frac{\partial\Lambda}{\partial K_{11}} = A_{11}f'_{11} - \lambda_3 = 0 \tag{3.13}$$

$$\frac{\partial\Lambda}{\partial K_{21}} = p_1A_{21}f'_{21} - \lambda_3 = 0 \tag{3.14}$$

$$\frac{\partial\Lambda}{\partial I} = -1 - g\frac{I}{K_1} + \lambda_4 = 0 \tag{3.15}$$

---

9 Es wird ferner unterstellt, daß das in der Gegenwart neu investierte Kapital die gleiche Produktivität besitzt wie der bereits vorhandene Kapitalstock. Es wird damit von einem in dem investierten Kapital gebundenen technischen Fortschritt abstrahiert. Eine hiervon abweichende Annahme findet sich bei Van Wijnbergen (1984), der eine Putty-Clay-Technologie modelliert.

10 vgl. z. B. Dixit (1990, 145 ff.).

11 Auf eine explizite Wiedergabe der Bedingungen zweiter Ordnung wird hier verzichtet. Unter den getroffenen Annahmen ist aber ein Maximum gewährleistet.

$$\frac{\partial \Lambda}{\partial L_{12}} = RA_{12}\left(f_{12} - f'_{12}k_{12}\right) - \lambda_2 = 0 \tag{3.16}$$

$$\frac{\partial \Lambda}{\partial L_{22}} = Rp_2A_{22}\left(f_{22} - f'_{22}k_{22}\right) - \lambda_2 = 0 \tag{3.17}$$

$$\frac{\partial \Lambda}{\partial K_{12}} = RA_{12}f'_{12} - \lambda_4 = 0 \tag{3.18}$$

$$\frac{\partial \Lambda}{\partial K_{22}} = Rp_2A_{22}f'_{22} - \lambda_4 = 0 \tag{3.19}$$

Die Ableitung der Lagrangefunktion (3.10) nach den Lagrangemultiplikatoren λ_1 bis λ_4 liefert die Nebenbedingungen (3.6) bis (3.9).

Die Gleichungen (3.11) und (3.12) sowie (3.16) und (3.17) stellen die Bedingungen für den optimalen Arbeitseinsatz innerhalb der Perioden 1 bzw. 2 dar. Sie besagen, daß die in Einheiten des ersten Gutes ausgedrückten Wertgrenzprodukte der Arbeit gleich den Lagrange-Multiplikatoren λ_1 und λ_2 sein müssen. Diese lassen sich als die Gegenwartswerte der Schattenpreise des Faktors Arbeit in den jeweiligen Perioden interpretieren.

Die Einhaltung der Gleichungen (3.13) und (3.14) bzw. (3.18) und (3.19) stellt sicher, daß der in Periode 1 bzw. 2 vorhandene Kapitalstock intratemporal optimal auf beide Sektoren alloziiert wird. λ_3 bzw. λ_4 sind folglich die Gegenwartswerte der Schatten-Nutzungspreise des Kapitals in der ersten bzw. zweiten Periode.

Gleichung (3.15) schließlich ist die intertemporale Optimalitätsbedingung für die Kapitalbildung. Da λ_4 der Gegenwartswert des Kapitalnutzungspreises der zweiten Periode ist, ist die optimale Investitionshöhe dann gegeben, wenn die abdiskontierten Grenzerlöse des Kapitals gleich den Grenzkosten der Investition sind, die sich aus dem Preis der Investitionsgüter (1) und den marginalen Installationskosten $\left(g\frac{I}{K_1}\right)$ zusammensetzen.

Die eben beschriebenen Zusammenhänge werden verdeutlicht, wenn aus dem Gleichungssystem die Lagrangemultiplikatoren eliminiert werden.

$$A_{11}\left(f_{11} - f'_{11}k_{11}\right) = p_1A_{21}\left(f_{21} - f'_{21}k_{21}\right) \tag{3.20}$$

$$A_{11}f'_{11} = p_1 A_{21} f'_{21} \tag{3.21}$$

$$RA_{12}f'_{12} = 1 + g\frac{I}{K_1} \tag{3.22}$$

$$Rp_2 A_{22} f'_{22} = 1 + g\frac{I}{K_1} \tag{3.23}$$

$$A_{12}\left(f_{12} - f'_{12}k_{12}\right) = p_2 A_{22}\left(f_{22} - f'_{22}k_{22}\right) \tag{3.24}$$

Die Nebenbedingungen (3.8) und (3.9) können unter der Verwendung der sektoralen Kapitalintensitäten zusammengefaßt werden zu den folgenden Vollbeschäftigungsbedingungen:

$$k_{11}L_{11} + k_{21}L_{21} - K_1 = 0 \tag{3.25}$$

und

$$k_{12}L_{12} + k_{22}L_{22} - \left(K_1 + I\right) = 0 \tag{3.26}$$

Das Gleichungssystem mit den 13 Gleichungen (3.1) bis (3.4), (3.6), (3.7) und (3.20) bis (3.26) legt eindeutig die Optimalwerte der 13 für die Unternehmen endogenen Variablen $k_{11}, k_{21}, L_{11}, L_{21}, I, k_{12}, k_{22}, L_{12}, L_{22}, x_{11}, x_{21}, x_{12}$ und x_{22} fest. Die Optimalwerte dieser Variablen hängen dann von den für den Unternehmenssektor exogenen Größen $A_{it}, L_t, K_1, g, R, p_1$ und p_2 ab.

Damit die für die Unternehmen endogenen Größen eindeutig bestimmbar sind, muß allerdings mit den Kapitalstockanpassungskosten gearbeitet werden. Nimmt g in der Zielfunktion den Wert Null an, d. h. bestehen die Investitionskosten allein aus dem Kaufpreis der Investitionsgüter, so hat die Determinante der Hesseschen Matrix des Optimierungsproblems den Wert Null. Eine der 13 Variablen ist dann durch das Gleichungssystem nicht determiniert. Nimmt man hier die Investitionen I, so würde dies bedeuten, daß der Kapitalstock der zweiten Periode nicht eindeutig festgelegt ist.

Auf dieses Problem haben erstmalig Fischer und Frenkel (1972) hingewiesen.[12] In einem Zwei-Güter-Modell, in dem sowohl Kapitalgüter als auch internationale Assets gehandelt werden können, existiert in einer kleinen Volkswirtschaft kein eindeutiges maximales Einkommen. Der öko-

---

12 Vgl. auch Fischer und Frenkel (1974) sowie Turnovsky und Sen (1995) zur Rolle der Kapitalstockanpassungskosten bei gehandelten Investitionsgütern.

nomische Grund hierfür liegt darin, daß bei gegebenen Terms of Trade die Faktornutzungspreise eindeutig über die Güterpreise bestimmt sind.[13] Importiert die betrachtete Volkswirtschaft in einer Periode Kapitalgüter, die in der Folgeperiode kapazitätswirksam werden, so würde zwar das Inlandsprodukt steigen, nicht jedoch das Einkommen (Sozialprodukt), wenn der Barwert des Wertgrenzprodukts des Kapitals dem Preis der Kapitalgüter entspricht. Da aber das Wertgrenzprodukt des Kapitals ausschließlich von den Güterpreisen abhängt, kann jeder beliebige Import von Kapitalgütern über eine internationale Verschuldung finanziert werden, ohne daß sich hierdurch das Einkommen und damit die Konsummöglichkeiten ändern. Analog kann natürlich für jeden beliebigen Export von Kapitalgütern argumentiert werden.

Ist hingegen das abdiskontierte Wertgrenzprodukt des Kapitals größer als der Preis der Kapitalgüter, so wäre dies für die betrachtete Volkswirtschaft ein Anreiz zum Kapitalimport. Da bei unveränderten Güterpreisen sich das Wertgrenzprodukt des Kapitals aber nicht verändert, würde der Import der Kapitalgüter solange andauern, bis aufgrund des Rybczynski-Effekts die Volkswirtschaft vollständig auf ihr kapitalintensives Gut spezialisiert ist. Erst in diesem Fall würde das Grenzprodukt des Kapitals aufgrund der neoklassischen Produktionstechnologie mit zunehmendem Kapitalstock sinken, bis der Gegenwartswert des Wertgrenzprodukts des Kapitals dem Preis des Kapitalgutes entspricht.

Um der Indeterminiertheit des inländischen Kapitalstocks oder der vollständigen Spezialisierung und damit dem Wechsel in ein Ein-Sektoren-Modell zu entgehen, existieren zwei Ansätze. Die erste Möglichkeit liegt in dem Einbau von Kapitalstockanpassungskosten, wie sie weiter oben in der Funktion $\Psi(I)$ formuliert wurden. Hierdurch ist gewährleistet, daß trotz eines bei gegebenen Preisen konstanten Wertgrenzprodukts des Kapitals ein höheres Investitionsvolumen zu steigenden Grenzkosten der Investitionen führt und somit ein eindeutiger Kapitalstock in zukünftigen Perioden bestimmbar ist.

Die zweite Möglichkeit besteht darin, mit einem nicht gehandelten Gut zu arbeiten. Auf diese Weise wird eine eindeutige Lösung für den optimalen Kapitalstock über die Gleichgewichtsbedingung auf dem Markt für nicht gehandelte Güter herbeigeführt. Die durch Kapitalgutimporte bzw. -exporte über die Rybczynski-Effekte hervorgerufene Produktionsstrukturänderung verlangt in der Regel eine Anpassung der relativen Preise, um für ein neues Gleichgewicht auf den Märkten für nicht gehandelte

[13] Zur Begründung siehe z. B. Gandolfo (1994, 80 ff.).

Güter zu sorgen. Diese Relativpreisänderung zieht dann eine Änderung der Wertgrenzprodukte der Faktoren nach sich. Hierzu muß allerdings die Zahl der Faktoren größer sein als die Zahl der gehandelten Güter, da ansonsten der Preis der nicht gehandelten Güter über die Preise der gehandelten Güter festgelegt ist.[14]

In dieser Arbeit werden beide Ansätze zugleich verfolgt. Der Grund hierfür ist, daß die zusätzliche Verwendung von Kapitalstockanpassungskosten neben nicht gehandelten Gütern die Formulierung eindeutiger Angebotsfunktionen in Abhängigkeit von den relativen Güterpreisen gestattet, ohne bereits auf Gleichgewichtsbedingungen für die Märkte der nicht gehandelten Güter zurückgreifen zu müssen. Hierdurch wird auch die ökonomische Interpretation erleichtert, da Angebots- und Nachfrageeffekte separiert werden können.

Setzt man die im Unternehmenssektor bestimmten Optimalwerte in die Zielfunktion (3.5) ein, ergibt sich der Maximalwert des Vermögens der Volkswirtschaft (W), der von den Haushalten für den Konsum in beiden Perioden verwendet werden kann.

Für die weitere Analyse ist zunächst von Interesse, wie sich Relativpreisänderungen in den beiden Perioden auf die Entscheidungsvariablen der Unternehmen - hier speziell die angebotenen Gütermengen in beiden Perioden - auswirken.[15] Diese Preisänderungen können im Moment noch als exogen für den Unternehmenssektor angenommen werden.

Die Wirkungen von Preisänderungen werden ermittelt, indem das Gleichungssystem (3.1) bis (3.4), (3.6), (3.7) und (3.20) bis (3.26) total nach allen für die Unternehmen endogenen Variablen und nach den Güterpreisen differenziert und gelöst wird.

---

[14] Entspricht beispielsweise die Zahl der gehandelten Güter der Zahl der Produktionsfaktoren und sind für ein kleines Land die Weltmarktpreise der international gehandelten Güter vorgegeben, so sind damit auch eindeutig die Faktornutzungspreise determiniert. Sofern nun auch die nicht gehandelten Güter mit den gleichen Faktoren hergestellt werden, wären auch die Preise der nicht gehandelten Güter inputseitig festgelegt. Vgl. hierzu bspw. Matsuyama (1988, 249).

[15] Auf die Konsequenzen der Änderung anderer Größen des Modells wird in den Folgekapiteln detaillierter eingegangen, wenn Technologieschocks untersucht werden. Relativpreisänderungen werden bereits hier untersucht, da sie sich bei Veränderungen der in diesem Modell unterstellten exogenen Größen als Folge des notwendigen Marktgleichgewichts bei den nicht gehandelten Gütern ergeben. Insofern sind diese Preisänderungen grundlegend für das Vorgehen in den sich anschließenden Kapiteln.

Relativpreisänderungen in Periode 1 haben folgende Effekte auf die angebotenen Gütermengen:[16]

$$\frac{dx_{11}}{dp_1}=\frac{f_{21}L_{11}\left(f_{11}-f_{11}'k_{11}+f_{11}'k_{21}\right)}{\left(k_{11}-k_{21}\right)^2 f_{11}''}+\frac{f_{11}L_{21}\left(f_{21}-f_{21}'k_{21}+f_{21}'k_{11}\right)}{\left(k_{11}-k_{21}\right)^2 p_1 f_{21}''}<0 \tag{3.27}$$

$$\frac{dx_{21}}{dp_1}=-\frac{L_{21}\left[f_{21}-f_{21}'\left(k_{21}-k_{11}\right)\right]^2}{\left(k_{11}-k_{21}\right)^2 p_1 f_{21}''}-\frac{L_{11}f_{21}^2}{\left(k_{11}-k_{21}\right)^2 f_{11}''}>0 \tag{3.28}$$

Der direkte Preiseffekt ist positiv, während der Kreuzpreiseffekt negativ ist.[17] Die Güterangebote reagieren somit typisch auf Relativpreisänderungen. Es ergeben sich die aus statischen allgemeinen Gleichgewichtsmodellen bekannten Reallokationseffekte. Eine Relativpreisänderung führt zu einer Verlagerung von Kapital und Arbeit in den Sektor, dessen Produkte relativ teurer geworden sind, und aufgrund der gegebene Faktormengen zu einem Produktionsrückgang bei dem anderen Gut.[18]

Änderungen des relativen Preises in der ersten Periode haben keinerlei Angebotseffekte in der darauffolgenden Periode, weil sie die dortigen Optimalbedingungen nicht verändern.

$$\frac{dx_{12}}{dp_1}=0 \tag{3.29}$$

$$\frac{dx_{22}}{dp_1}=0 \tag{3.30}$$

Für spätere Analysen der Leistungsbilanzreaktion ist von Bedeutung, wie die Investitionen auf die Preisänderungen reagieren.

---

16 Die folgenden Ergebnisse wurden dahingehend vereinfacht, daß die relevanten Technologieparameter A_{it} in der Ausgangssitutation auf den Wert Eins normiert wurden.

17 In den obigen Gleichungen sind die Ausdrücke f-f'k positiv, da sie die Wertgrenzprodukte der Arbeit abbilden.

18 Unter den im Modell getroffenen Annahmen ist eine solche Umrüstung des vorhandenen Kapitalstocks für eine andere als die bisherige Verwendung kostenlos möglich. Hier könnte der Einwand geltend gemacht werden, daß die Installation von neuem Kapital Kosten verursacht, während die Umrüstung vorhandenen Kapitals kostenlos ist. Aus Vereinfachungsgründen wird diese Annahme allerdings beibehalten.

$$\frac{dI}{dp_1} = 0 \tag{3.31}$$

Es zeigt sich, daß Preisänderungen in Periode 1 keinerlei Investitionseffekte hervorrufen. Dies ist unmittelbar einsichtig, wenn man sich die Bedingungen für den optimalen intertemporalen Kapitaleinsatz in den beiden Gleichungen (3.22) und (3.23) ansieht. Preisänderungen in t=1 ändern nicht das Wertgrenzprodukt in t=2 und haben zudem keinen Einfluß auf die Grenzkosten der Investition.

Preisänderungen in Periode 2 berühren die Angebote der Güter in beiden Perioden wie folgt:

$$\frac{dx_{11}}{dp_2} = 0 \tag{3.32}$$

$$\frac{dx_{21}}{dp_2} = 0 \tag{3.33}$$

Die Angebotsmengen der ersten Periode sind demnach unabhängig von Preisänderungen der zweiten Periode. Letztere ändern nur die Angebote in der gleichen Periode. Die Effekte werden durch folgende Differentialquotienten angegeben:

$$\begin{aligned} \frac{dx_{12}}{dp_2} = {} & \frac{f_{22}L_{12}\left(f_{12} - f'_{12}k_{12} + f'_{12}k_{22}\right)}{\left(k_{12} - k_{22}\right)^2 f''_{12}} \\ & + \frac{f_{12}L_{22}\left(f_{22} - f'_{22}k_{22} + f'_{22}k_{12}\right)}{\left(k_{12} - k_{22}\right)^2 p_2 f''_{22}} - \frac{f_{12}f_{22}K_1R}{\left(k_{12} - k_{22}\right)^2 g} < 0 \end{aligned} \tag{3.34}$$

$$\frac{dx_{22}}{dp_2} = -\frac{L_{22}\left[f_{22} - f'_{22}\left(k_{22} - k_{12}\right)\right]^2}{\left(k_{12} - k_{22}\right)^2 p_2 f''_{22}} - \frac{L_{12}f_{22}^2}{\left(k_{12} - k_{22}\right)^2 f''_{12}} + \frac{f_{22}^2 K_1 R}{\left(k_{12} - k_{22}\right)^2 g} > 0 \tag{3.35}$$

Auch hier ergibt sich ein typisches Angebotsverhalten. Ein Preisanstieg beim zweiten Gut begünstigt die Produktion dieses Gutes, während der Output des ersten Gutes zurückgeht. Obwohl die Ergebnisse qualitativ mit den Angebotsverhalten der ersten Periode identisch sind, ergeben sich doch wesentliche Unterschiede, die aus dem Investitionsverhalten herrühren und in dem dritten Summanden der beiden obigen Differentialquotienten ihren Ausdruck finden.

Die preisbedingten Angebotsreaktionen in der zweiten Periode resultieren nicht allein - wie dies in der ersten Periode der Fall ist - aus einem reinen

Reallokationseffekt. Hinzu kommt ein Rybczynski-Effekt, der aus den induzierten Investitionsänderungen stammt. Für die Investitionsänderung gilt nämlich:

$$\frac{dI}{dp_2} = \frac{A_{22} R K_1 f_{22}}{g(k_{22} - k_{12})} \qquad (3.36)$$

Der Zähler dieses Ausdrucks ist eindeutig positiv, während der Nenner nur dann positiv ist, wenn $k_{22} > k_{12}$ ist. Folglich gilt:

$$\frac{dI}{dp_2} \gtrless 0, \quad \text{wenn } k_{22} \gtrless k_{12}.$$

Ist also das zweite Gut relativ kapitalintensiv, so führt ein Ansteigen seines relativen Preises zu einer Zunahme der Investitionen. Dieser Relativpreisanstieg erhöht nämlich über den Stolper-Samuelson-Effekt den realen Kapitalnutzungspreis in Periode 2. Damit ergibt sich ein Anreiz, das Investitionsvolumen auszudehnen, bis die ansteigenden Investitionskosten wieder dem Gegenwartswert des zukünftigen Kapitalnutzungspreises entsprechen. Der mit den Investitionen zunehmende Kapitalstock der zweiten Periode löst den Rybczynski-Effekt aus: Die Produktion des relativ kapitalintensiven zweiten Gutes wird ausgeweitet, während die Produktion des ersten Gutes absolut eingeschränkt wird. Sowohl der statische Reallokationseffekt als auch der preisinduzierte Rybczynski-Effekt wirken folglich in dieselbe Richtung.

Ist das zweite Gut relativ arbeitsintensiv, so sinken die Investitionen nach einer Erhöhung des relativen Preises p_2, weil in diesem Fall der reale Kapitalnutzungspreis in Periode 2 abnimmt. Aufgrund des Rybczynski-Effekts wird mit sinkendem Kapitalbestand das Angebot des relativ kapitalintensiven Gutes 1 fallen, das des relativ arbeitsintensiven Gutes 2 hingegen steigen. Das bedeutet, daß auch hier der statische Reallokationseffekt und der preisinduzierte Rybczynski-Effekt in die gleiche Richtung wirken.[19]

Die Rangfolge der sektoralen Kapitalintensitäten hat also nur einen Einfluß auf die Reaktion der gesamtwirtschaftlichen Investitionen, nicht jedoch auf das Vorzeichen der Angebotswirkungen. Unabhängig von den Kapitalintensitäten wird das Angebot des Gutes ausgeweitet (eingeschränkt), dessen relativer Preis gestiegen (gefallen) ist.

---

[19] Ähnliche Überlegungen in einem Kontext mit exogenen Investitionen finden sich bei Bruno und Sachs (1982b).

Eine Ausweitung der Angebotsmenge des zweiten Gutes in der zweiten Periode kann also mit steigenden oder fallenden gesamtwirtschaftlichen Investitionen einhergehen. Hiervon sind streng die sektoralen Investitionen (bzw. Kapitalstockänderungen im Vergleich zur Vorperiode) zu unterscheiden, auf die bislang nicht eingegangen wurde. Ist Gut 2 relativ kapitalintensiv, so wird nach einem Relativpreisanstieg der reale Kapitalnutzungspreis zunehmen und der Reallohn fallen, was in beiden Sektoren eine weniger kapitalintensive Produktionsweise nach sich zieht. Sieht man zunächst vorübergehend von den geänderten Investitionen ab, so würde die Reallokation der Produktionsfaktoren zu einem höheren (geringeren) Arbeitskräfte- und Kapitaleinsatz in Sektor 2 (1) führen. Die gestiegenen Investitionen verstärken diese Faktorumschichtung. Das zusätzlich investierte Kapital fließt in den zweiten Sektor und zieht weiteres Kapital aus dem ersten Sektor ab. Der Kapitalzustrom im zweiten Sektor fällt somit deutlich stärker aus als die gesamtwirtschaftlichen Investitionen, während der Kapitaleinsatz im ersten Sektor gegenüber der Vorperiode zurückgeht.

Wird Gut 2 arbeitsintensiver als Gut 1 produziert, so zieht ein höherer relativer Preis des zweiten Gutes einen Reallohnanstieg und eine Senkung des realen Kapitalnutzungspreises nach sich. Als Konsequenz wird die Produktion in beiden Sektoren kapitalintensiver, was bei einem zunächst noch konstanten gesamtwirtschaftlichen Kapitalbestand sowohl zu einer Arbeits- als auch einer Kapitalumschichtung vom ersten in den zweiten Sektor führt. Da in diesem Fall die gesamtwirtschaftlichen Investitionen sinken und damit der Kapitalbestand der Volkswirtschaft in Periode 2 geringer ausfällt, wird auch hier die Produktionsfaktorumschichtung verstärkt: hier allerdings durch einen negativen Rybczynski-Effekt. Der relativ kapitalintensive erste Sektor gibt Kapital und Arbeit an den zweiten Sektor ab. Die gesamtwirtschaftlich sinkenden Investitionen gehen somit mit Kapitalbestandserhöhungen im zweiten und überproportional schrumpfenden Kapitaleinsatz im ersten Sektor einher.[20]

Nach den bisherigen Überlegungen können die Angebotsfunktionen zusammenfassend geschrieben werden als:[21]

---

20 Auf den formalen Beweis, der die Kombination des Reallokations- und des Rybczynski-Effekts abbildet, wird an dieser Stelle verzichtet. Beide Wirkungen finden sich getrennt u. a. bei Kemp (1969, 14 ff.).

21 Die Vorzeichen über einer Variablen geben das Vorzeichen der partiellen Ableitung der Funktion nach eben dieser Variablen wieder. Die Auslassungspunkte deuten an, daß die Güterangebotsfunktionen und die Investitionsfunktion neben den Preisen noch weitere Argumente enthalten wie die Technologieparameter oder den Diskontfaktor. Auf den Zusammenhang zwischen diesen Größen und den Angebotsmengen sowie Investitionen wird im weiteren Verlauf der Arbeit detaillierter eingegangen.

$$x_{11} = x_{11}\left(\overset{-}{p_1},\ldots\right) \tag{3.37}$$

$$x_{21} = x_{21}\left(\overset{+}{p_1},\ldots\right) \tag{3.38}$$

und

$$x_{12} = x_{12}\left(\overset{-}{p_2},\ldots\right) \tag{3.39}$$

$$x_{22} = x_{22}\left(\overset{+}{p_2},\ldots\right) \tag{3.40}$$

Nach logarithmischem Differenzieren erhält man die relativen Angebotsänderungen:[22]

$$\hat{x}_{11} = \varepsilon_{11}\hat{p}_1 \tag{3.41}$$

$$\hat{x}_{21} = \varepsilon_{21}\hat{p}_1 \tag{3.42}$$

$$\hat{x}_{12} = \varepsilon_{12}\hat{p}_2 \tag{3.43}$$

$$\hat{x}_{22} = \varepsilon_{22}\hat{p}_2 \tag{3.44}$$

ε_{it} ist die Angebotselastizität des Gutes x_{it} in bezug auf den relativen Preis p_t. Nach den obigen Überlegungen sind die ε_{1t} negativ und ε_{2t} positiv.[23]

Für die Investitionsfunktion gilt:

$$I = I\left(\overset{+}{p_2},\ldots\right) \quad \text{wenn } k_{22} > k_{12}$$

$$I = I\left(\overset{-}{p_2},\ldots\right) \quad \text{wenn } k_{22} < k_{12}. \tag{3.45}$$

---

22 Ein ^ über einer Größe gibt die relative Änderung an: $\hat{x} \equiv \frac{dx}{x}$.

23 Da es sich hier um Elastizitäten im allgemeinen Gleichgewicht handelt, bestehen naturgemäß zwischen den sektoralen Angebotselastizitäten Zusammenhänge. So muß die Summe der mit den Produktionsanteilen gewichteten sektoralen Angebotselastizitäten in jeder Periode gleich Null sein, vgl. Kemp (1969, 26).

Abschließend sei gefragt, wie die Relativpreisänderungen den Maximalwert des Vermögens der Volkswirtschaft beeinflussen, der seinerseits die Konsummöglichkeiten der privaten Haushalte begrenzt. Hierzu wird Gebrauch vom Envelope-Theorem gemacht, nach dem die Änderung des Maximalwertes einer Funktion nach einer Parameteränderung sich aus der partiellen Ableitung der Maximalwertefunktion nach eben diesem Parameter ergibt.[24]

$$\frac{\partial W}{\partial p_1} = x_{21} > 0 \tag{3.46}$$

$$\frac{\partial W}{\partial p_2} = Rx_{22} > 0 \tag{3.47}$$

[25]

3.2 Das Verhalten der Haushalte

Die bisherigen Ausführungen bezogen sich auf das Verhalten der Unternehmen. Nunmehr erfolgt eine Darstellung des Entscheidungsproblems der Haushalte. Die Haushalte treten im Modell als Anbieter von Faktorleistungen und Nachfrager von Gütern auf. Aus dem Faktorangebot in beiden Perioden beziehen sie Einkommen, das sie für den Konsum beider Güter verwenden können.

Da angenommen wird, daß sowohl der in der ersten Periode vorhandene Kapitalstock als auch die angebotenen Arbeitsleistungen exogen sind, reduziert sich die Analyse der Haushaltsentscheidungen auf die Untersuchung ihres Nachfrageverhaltens.[26]

Ziel der Haushalte ist die Maximierung einer intertemporalen Nutzenfunktion.

---

24 Vgl. Dixit (1990, 55 ff.).

25 Auch hier gilt, daß sich Änderungen des Vermögens der Volkswirtschaft nicht nur aufgrund von Relativpreisänderungen, sondern auch als Folge von angebotsseitigen Schocks ergeben können, die in den nächsten Kapiteln behandelt werden.

26 Intertemporale Modelle zur Analyse der Leistungsbilanzdynamik bei variablem Arbeitsangebot finden sich für den Mehrgüterfall u. a. bei Bean (1986) und Sen und Turnovsky (1989). In diesen Modellen wird das Arbeitsangebotsverhalten durch die Aufnahme des Freizeitarguments in die Nutzenfunktion modelliert. Realzinsänderungen lösen dann auch beim Faktor Arbeit inter- und intratemporale Substitutionseffekte aus. Änderungen der in einer Periode eingesetzten Arbeitsbestände können sich zudem in Ungleichgewichtsmodellen ergeben, etwa bei Reallohnrigiditäten, vgl. hierzu z. B. Cuddington/Viñals (1986a und 1986b), Edwards und Ostry (1990), Persson (1982), Persson und Svensson (1983).

$$V = V(c_{11}, c_{21}, c_{12}, c_{22}) \tag{3.48}$$

Hierin sind die c_{it} die in der Periode t nachgefragten Mengen des Gutes i. Die Nutzenfunktion habe die Eigenschaft positiver und abnehmender Grenznutzen.[27]

Bei ihren Planungen unterliegen die Haushalte den folgenden Budgetrestriktionen, wobei angenommen wird, daß das Finanzvermögen der Haushalte anfänglich Null ist:

$$c_{11} + p_1 c_{21} + S_H = Y_{H1} \tag{3.49}$$

$$c_{12} + p_2 c_{22} = Y_{H2} + S_H(1+i) = Y_{H2} + \frac{S_H}{R} \tag{3.50}$$

Die Konsummöglichkeiten der Haushalte in der ersten Periode resultieren aus dem von den Unternehmen bezogenen Einkommen Y_{H1} abzüglich der geplanten Ersparnis S_H.[28] In Periode 2 bestehen die Konsummöglichkeiten aus den in dieser Periode von den Unternehmen ausgeschütteten Einkommen Y_{H2} zuzüglich der in der Vorperiode gebildeten Ersparnis S_H und den auf diese Ersparnis empfangenen Zinsen $i \cdot S_H$.

Die beiden Gleichungen (3.49) und (3.50) lassen sich zu der intertemporalen Budgetrestriktion

$$c_{11} + p_1 c_{21} + R(c_{12} + p_2 c_{22}) = Y_{H1} + RY_{H2} = W \tag{3.51}$$

zusammenfassen.[29]

Hierbei wurde berücksichtigt, daß sich die vom Unternehmenssektor an die Haushalte ausgeschütteten Einkommen in der ersten Periode aus dem Produktionswert abzüglich der Investitionsausgaben zusammensetzen, was letztlich eine Finanzierung der Investitionen über einbehaltene Gewinne impliziert. Denkbar ist auch, daß die Unternehmen die Ein-

---

27 Bei der gewählten Formulierung wird davon ausgegangen, daß es sich um Verbrauchsgüter handelt, die nach ihrer Verwendung für den Konsum späterer Perioden nicht mehr zur Verfügung stehen. Die Einbeziehung von langlebigen Konsumgütern würde Abschreibungen auf den Bestand dieser Güter erforderlich machen. Siehe hierzu Burda und Gerlach (1992, 1240).

28 S kann natürlich auch negative Werte annehmen. Die Verschuldung in der Gegenwart muß dann allerdings durch einen Konsumverzicht in der Zukunft korrigiert werden, der dem aufgenommenen Kredit zuzüglich den darauf zu zahlenden Zinsen entspricht.

29 Zu berücksichtigen ist, daß W ein Maximalwert ist, der sich aus dem Optimierungsverhalten der Unternehmen ergibt.

kommen der ersten Periode vollständig an die Haushalte ausschütten und die Investitionen über Kredite finanzieren. Beide Finanzierungsarten führen allerdings bei dem hier unterstellten perfekten Weltkapitalmarkt und vollständiger Voraussicht zu gleichen Ergebnissen. Im Falle der Fremdfinanzierung der Investitionen werden die Haushalte erkennen, daß die Ausschüttungen in der ersten Periode höher und in der zweiten Periode geringer ausfallen werden als bei Selbstfinanzierung. Der Gegenwartswert aller empfangenen Einkommen der Haushalte bleibt hiervon allerdings unberührt, wenn die im vorangegangenen Abschnitt hergeleiteten Optimalbedingungen für die Investitionen erfüllt sind.

In dieser Arbeit wird der in intertemporalen Analysen weitverbreiteten Annahme gefolgt, daß die Nutzenfunktion additiv über die Zeit separierbar ist.[30] Die Nutzenfunktion kann dann geschrieben werden als:

$$V = V(C_1, C_2) \qquad (3.52)$$

mit C_t als Nutzenindex für Periode t, der definiert ist als:

$$C_t = C_t(c_{1t}, c_{2t}). \qquad (3.53)$$

C_t sei homogen vom Grade Eins in den Gütermengen und weise eine konstante Substitutionselastizität zwischen den beiden Gütern auf.[31] Die Funktion V sei homothetisch.

Aufgrund der Annahme der additiven Separierbarkeit der intertemporalen Nutzenfunktion hängt der Grenznutzen eines Gutes in Periode t und damit auch die Grenzrate der Substitution zwischen dem Konsum der beiden Güter innerhalb einer Periode ausschließlich von den in dieser Periode konsumierten Gütermengen ab, nicht jedoch von dem Konsum anderer Perioden.

Das Problem der Haushalte kann somit in zwei Stufen gelöst werden. In einem ersten Schritt wird eine Entscheidung über die optimale Aufteilung der Konsumausgaben auf beide Güter innerhalb einer Periode getroffen, wobei ein bestimmtes Nutzenniveau bzw. ein Konsumindex C_t vorge-

---

30 Diese Formulierung stellt eine erhebliche Vereinfachung der Analyse dar, vgl. Deaton und Muellbauer (1980, 127). Auf die explizite Modellierung der Zeitpräferenzrate wird hier vereinfachend verzichtet. Diese ist jedoch implizit in der Grenzrate der intertemporalen Substitution enthalten.

31 Parametrische Spezifizierungen von Nutzenfunktion vom CES-Typ finden Verwendung bei Gavin (1990), Obstfeld/Rogoff (1995), van Wincoop (1993). Dornbusch (1983), u.a. verwenden Nutzenfunktionen vom Cobb-Douglas Typ mit einer Substitutionselastizität von Eins. Hier wird der allgemeinere Fall behandelt.

geben wird. In einem zweiten Schritt erfolgt dann eine optimale Aufteilung der gesamten Konsumausgaben über beide Perioden.[32]

Im ersten Schritt wird allgemein das Optimierungsproblem gelöst, die Konsumausgaben in der Periode t (E_t) zu minimieren, um ein vorgegebenes Nutzenniveau innerhalb der Periode t (C_t) zu erhalten.[33] Es handelt sich hierbei um das Dual zum Problem der Nutzenmaximierung bei gegebenen Konsumausgaben. Formal stellt sich das Problem dar als:

$$E_t = c_{1t} + p_t c_{2t} \quad \to \text{min!} \tag{3.54}$$

unter der Nebenbedingung:

$$C_t = \overline{C}_t(c_{1t}, c_{2t}) \tag{3.55}$$

Die Lagrange-Funktion lautet:

$$\Lambda = c_{1t} + p_t c_{2t} + \lambda\left[\overline{C}_t - C_t(c_{1t}, c_{2t})\right] \tag{3.56}$$

Als Bedingungen erster Ordnung für ein Ausgabenminimum ergeben sich:

$$\frac{\partial \Lambda}{\partial c_{1t}} = 1 - \lambda \frac{\partial C_t}{\partial c_{1t}} = 0 \tag{3.57}$$

$$\frac{\partial \Lambda}{\partial c_{2t}} = p_t - \lambda \frac{\partial C_t}{\partial c_{2t}} = 0 \tag{3.58}$$

$$\frac{\partial \Lambda}{\partial \lambda} = \overline{C}_t - C_t(c_{1t}, c_{2t}) = 0 \tag{3.59}$$

Durch Eliminierung des Lagrange-Multiplikators aus den Gleichungen (3.57) und (3.58) ergibt sich als Optimalitätsbedingung, daß die Grenzrate der Substitution zwischen beiden Gütern dem intratemporalen Güterpreisverhältnis entsprechen muß. Gleichung (3.59) stellt sicher, daß das vorgegebene Nutzenniveau erreicht wird.

Als Lösung des Gleichungssystems (3.57) bis (3.59) ergeben sich neben dem Lagrange-Multiplikator λ die Hicksschen (kompensierten) Nachfrage-

---

32 Für die generelle Vorgehensweise zur Behandlung des Haushaltsentscheidungsproblems bei separablen Nutzenfunktionen siehe die Ausführungen z. B. bei Devereux (1987) und Van Wijnbergen (1985).

33 Die Ausgaben werden in Einheiten des ersten Gutes gemessen.

funktionen, die von den Güterpreisen und dem vorgegebenen Nutzenniveau abhängen.

$$c_{1t} = c_{1t}(1, p_t, C_t) \tag{3.60}$$

$$c_{2t} = c_{2t}(1, p_t, C_t) \tag{3.61}$$

Setzt man diese Ausdrücke in die Zielfunktion (3.54) ein, so erhält man die Ausgabenfunktion $E_t(1, p_t, C_t)$, die angibt, welche Ausgaben die Konsumenten (mindestens) tätigen müssen, um das vorgegebene Nutzenniveau C_t zu erreichen. Die Ableitung der Ausgabenfunktion nach den einzelnen Güterpreisen ergibt wiederum die oben hergeleiteten kompensierten Nachfragefunktionen.[34]

Aufgrund der Annahme linear-homogener intratemporaler Nutzenfunktionen steigen die Ausgaben proportional zum Nutzenniveau C_t an, so daß die Ausgabenfunktion auch als

$$E_t = P_t(p_t)C_t \tag{3.62}$$

geschrieben werden kann. P_t ist ein Konsumentenpreisindex, der angibt, welche Ausgaben (gemessen in Einheiten des ersten Gutes) die Haushalte in einer Periode mindestens zu tätigen haben, um eine Einheit des Nutzenindexes zu erreichen. Der Konsumentenpreisindex P_t selbst hängt von dem relativen Güterpreis p_t ab.[35] Die Ausgaben E_t können somit als Produkt des Preisindexes P_t und des Nutzenindices C_t geschrieben werden. Der Nutzenindex seinerseits kann als ein Mengenindex bzw. realer Konsum aufgefaßt werden.[36] Dies wird deutlich, wenn Gleichung (3.62) nach C_t aufgelöst wird. C_t entspricht dann den Ausgaben E_t, die mit dem Preisindex P_t deflationiert werden, was nichts anderes als ein Ausdruck für die realen Ausgaben ist.

Mithilfe des Mengen- und Preisindexes können die herkömmlichen Marshallschen Konsumnachfragefunktionen in Abhängigkeit von dem relativen Preis und den Ausgaben in der jeweiligen Periode ausgedrückt werden.

---

[34] Wesentliche Eigenschaften von Ausgabefunktionen und kompensierten Nachfragefunktionen sind beispielsweise zu finden bei Diewert (1974, 499 ff.), Dixit und Norman (1994, 65 ff.) und Woodland (1982, 33 ff.).

[35] Die Verwendung solcher Konsumentenpreisindices findet man u. a. bei Obstfeld (1983, 137 f.), Svensson und Razin (1983, 104 f.) sowie Murphy (1986b, 197 f.).

[36] Siehe hierzu ausführlicher z. B. Varian (1994, 147 ff.)

$$c_{1t} = c_{1t}\left(p_t, P_t\ C_t\right) \tag{3.63}$$

$$c_{2t} = c_{2t}\left(p_t, P_t\ C_t\right) \tag{3.64}$$

In einem zweiten Schritt des Haushaltsoptimierungsproblems wird über die intertemporale Aufteilung der Konsumausgaben entschieden. Hierbei werden die eben hergeleiteten Ergebnisse der statischen, intratemporalen Konsumentscheidung zu Hilfe gezogen. Der repräsentative Haushalt maximiert die Nutzenfunktion (3.52) unter der intertemporalen Budgetrestriktion, die unter Verwendung der Preis- und Konsumindices ausgedrückt werden kann als

$$W = P_1 \cdot C_1 + R \cdot P_2 \cdot C_2$$

bzw. nach Deflationierung mit dem Preisindex der ersten Periode (P_1) als

$$W_r \equiv \frac{W}{P_1} = C_1 + \frac{R \cdot P_2}{P_1} \cdot C_2 = C_1 + R_H \cdot C_2. \tag{3.65}$$

R_H ist der reale Diskontfaktor $\left(R_H \equiv \frac{R \cdot P_2}{P_1}\right)$,[37] W_r das reale Vermögen der Haushalte, das in Einheiten des realen Gegenwartskonsums ausgedrückt ist.

Die zugehörige Lagrangefunktion des Optimierungsproblems lautet:

$$\Gamma = V(C_1, C_2) + \mu(W_r - C_1 - R_H \cdot C_2) \tag{3.66}$$

Als Bedingungen erster Ordnung müssen erfüllt sein:

$$\frac{\partial \Gamma}{\partial C_1} = \frac{\partial V}{\partial C_1} - \mu = 0 \tag{3.67}$$

$$\frac{\partial \Gamma}{\partial C_1} = \frac{\partial V}{\partial C_2} - \mu R_H = 0 \tag{3.68}$$

---

[37] Zwischen dem realen Diskontfaktor und dem später auch verwendeten Realzins r_H besteht folgender Zusammenhang: $r_H = \frac{1+i}{P_2 / P_1} - 1 = \frac{1+i}{1+\pi} - 1 = \frac{i-\pi}{1+\pi} \approx i - \pi$, wobei π die Inflationsrate ist. Vgl. hierzu Frankel und Razin (1994, 140 f.).

$$\frac{\partial\Gamma}{\partial\mu} = W_r - C_1 - R_H \cdot C_2 = 0 \tag{3.69}$$

(3.67) bis (3.69) determiniert den Lagrange-Multiplikator sowie die realen Konsumausgaben in beiden Perioden, C_1 und C_2, die von dem realen Diskontfaktor und dem Realvermögen abhängen.

$$C_1 = C_1(R_H, W_r) \tag{3.70}$$

$$C_2 = C_2(R_H, W_r) \tag{3.71}$$

Setzt man diese Ausdrücke in die Marshallschen Nachfragefunktionen (3.63) und (3.64) ein, so erhält man die Nachfrage nach den Konsumgütern in Abhängigkeit vom relativen Güterpreis in der jeweiligen Periode, vom realen Diskontfaktor, der als intertemporaler Preis für den realen Konsum in der zweiten Periode interpretierbar ist, und schließlich dem Realvermögen der Wirtschaftssubjekte.

$$c_{1t} = c_{1t}\left(p_t, P_t\ C_t[R_H, W_r]\right) \tag{3.72}$$

$$c_{2t} = c_{2t}\left(p_t, P_t\ C_t[R_H, W_r]\right) \tag{3.73}$$

Im folgenden wird gezeigt, wie die Güternachfragen auf Änderungen der relativen Preise, der Preisniveaus, des realen Diskontfaktors und des Realvermögens reagieren und welche Rolle hierbei die intra- und intertemporalen Substitutionselastizitäten spielen. Hierzu werden die Nachfragegleichungen logarithmisch differenziert.

$$\hat{c}_{11} = \eta_{11}\hat{p}_1 + \eta_{1E1}\left(\beta_1\hat{p}_1 + \eta_{C1R}\hat{R}_H + \eta_{C1W}\hat{W}_r\right) \tag{3.74}$$

$$\hat{c}_{21} = \eta_{21}\hat{p}_1 + \eta_{2E1}\left(\beta_1\hat{p}_1 + \eta_{C1R}\hat{R}_H + \eta_{C1W}\hat{W}_r\right) \tag{3.75}$$

$$\hat{c}_{12} = \eta_{12}\hat{p}_2 + \eta_{1E2}\left(\beta_2\hat{p}_2 + \eta_{C2R}\hat{R}_H + \eta_{C2W}\hat{W}_r\right) \tag{3.76}$$

$$\hat{c}_{22} = \eta_{22}\hat{p}_2 + \eta_{2E2}\left(\beta_2\hat{p}_2 + \eta_{C2R}\hat{R}_H + \eta_{C2W}\hat{W}_r\right) \tag{3.77}$$

Die η_{it} sind die intratemporalen Preiselastizitäten der Nachfrage, wobei es sich bei den η_{2t} um die direkten Preiselastizitäten handelt, während die η_{1t} Kreuzpreiselastizitäten sind. η_{iEt} sind die intratemporalen Ausgabenelastizitäten der Nachfrage. η_{CtR} gibt an, wie sich der reale Konsum in Periode t (C_t) bei Änderungen des realen Diskontfaktors R_H verhält, während

η_{CtW} die relative Veränderung des realen Konsums bei relativen Realvermögensänderungen wiedergibt.[38] Es zeigt sich, wie intra- und intertemporale Substitutionseffekte sowie Vermögenseffekte die Nachfrage nach den beiden Gütern in beiden Perioden beeinflussen.

Der erste Summand in den obigen Ausdrücken gibt an, wie die Nachfrage bei konstanten Konsumausgaben in einer Periode auf Veränderungen des relativen Preises des zweiten Gutes in dieser Periode reagiert. Der zweite Summand bildet die Reaktion der konsumierten Mengen auf Ausgabenänderungen in der jeweiligen Periode ab. Diese Veränderung ergibt sich nach Maßgabe der Ausgabenelastizitäten und der prozentualen Veränderung der Konsumausgaben der Periode t (P_tC_t), die ihrerseits den Klammerausdrücken entspricht.

In den Klammern bildet der erste Summand den Preisniveaueffekt $\hat{P}_t$ ab, der angibt, wie sich bei unveränderten realen Konsumausgaben C_t preisniveaubedingt die nominalen Konsumausgaben in einer Periode verändern. Da die Preisindices ihrerseits eine Funktion der relativen Güterpreise derselben Periode sind, ist zu fragen, wie die Preisniveaus auf Relativpreisänderungen reagieren. Dieser Einfluß wird durch β_t wiedergegeben. β_t ist der Anteil des zweiten Gutes an den Konsumausgaben der Periode t.[39]

Der zweite und dritte Summand in den Klammerausdrücken bilden zusammen die relative Veränderung des realen Konsums C_t ab, der sich seinerseits in Abhängigkeit vom realen Diskontfaktor und des realen Vermögens nach Maßgabe der jeweiligen Elastizitätsausdrücke verändert.

Die Marshallschen Preiselastizitäten der Nachfrage η lassen sich mit Hilfe der Slutsky-Gleichung in Hickssche (kompensierte) Nachfrageelastizitäten $\overline{\eta}$ überführen.[40] Diese geben an, wie die reale Konsumnachfrage auf Änderungen des realen Diskontfaktors reagiert, wenn gleichzeitig die Haushalte durch eine Einkommenskompensation entschädigt werden, die

---

[38] Bei den Preis- und „Diskontfaktorelastizitäten" handelt es sich jeweils um die Marshallschen Nachfrageelastizitäten.

[39] Da die Ableitung der Ausgabenfunktion $E_t = P_t(p_t)C_t$ nach dem relativen Preis des zweiten Gutes der kompensierten Nachfrage nach diesem Gut entspricht, gilt: $c_{2t} = \frac{\partial E_t}{\partial p_t} = \frac{\partial P_t}{\partial p_t} C_t$ und $\frac{c_{2t}}{C_t} = \frac{\partial P_t}{\partial p_t}$ und somit: $\beta_t = \frac{p_t c_{2t}}{P_t C_t} = \frac{\partial P_t}{\partial p_t} \cdot \frac{p_t}{P_t} = \frac{\hat{P}_t}{\hat{p}_t}$. Die linke Seite dieses Ausdrucks bildet exakt den Anteil der Konsumausgaben für das zweite Gut an den gesamten Konsumausgaben der Periode ab.

[40] Vgl. Henderson/ Quandt (1983, 27 ff.).

es ihnen ermöglicht, ihr bisheriges Nutzenniveau aufrechtzuerhalten. Es gilt:

$$\eta_{C1R} = \bar{\eta}_{C1R} - \gamma\ \eta_{C1W} \tag{3.78}$$

$$\eta_{C2R} = \bar{\eta}_{C2R} - \gamma\ \eta_{C2W} \tag{3.79}$$

γ ist der Anteil des Konsums in der zweiten Periode an den Gesamtausgaben bzw. dem Gesamtvermögen der Haushalte:[41] $\gamma \equiv \frac{R_H C_2}{W_r}$

Die kompensierten Nachfrageelastizitäten können mittels der Allen-Uzawa-Substitutionselastizität und den Ausgabenanteilen als

$$\bar{\eta}_{C1R} = \gamma\ \sigma > 0 \tag{3.80}$$

und

$$\bar{\eta}_{C2R} = -(1-\gamma)\ \sigma < 0 \tag{3.81}$$

geschrieben werden.[42]

Hierbei ist σ ist die intertemporale Substitutionselastizität zwischen dem Gegenwarts- und dem Zukunftskonsum, die definiert ist als: $\sigma = \frac{d\ln(C_2 / C_1)}{d\ln(|dC_2 / dC_1|)} > 0$. γ und (1-γ) sind die Ausgabenanteile des Zukunfts- bzw. Gegenwartskonsums, welche ebenfalls positiv sind.

Da angenommen wurde, daß die intertemporale Nutzenfunktion homothetisch ist, nehmen die η_{CtW} den Wert Eins an. Unter Berücksichtigung dieser Annahme folgt nach Einsetzen von (3.80) und (3.81) in (3.78) und (3.79):

$$\eta_{C1R} = \gamma\ (\sigma - 1) \tag{3.82}$$

$$\eta_{C2R} = -[(1-\gamma)\ \sigma + \gamma] \tag{3.83}$$

---

41 Über den gesamten Planungshorizont entsprechen bei Nutzenmaximierung die Gesamtausgaben dem Vermögen, sofern - wie hier angenommen - die Grenznutzen der Güter positiv sind. γ wird auch als marginale Sparneigung bezogen auf das Vermögen W bezeichnet. Vgl. Frenkel und Razin (1994, 194).

42 Vgl. hierzu genauer Woodland (1982, 31).

Eine Erhöhung des realen Diskontfaktors R_H, der sich z. B. nach einer Zinssenkung ergibt, erhöht den realen Gegenwartskonsum C_1, sofern die intertemporale Substitutionselastizität größer ist als Eins, und senkt auf jeden Fall den realen Zukunftskonsum C_2.[43]

Analog zum bisherigen Vorgehen bei den intertemporalen Nachfrageelastizitäten lassen sich auch die intratemporalen Marshallschen Nachfrageelastizitäten mit der Slutsky-Gleichung zerlegen:

$$\eta_{1t} = \bar{\eta}_{1t} - \beta_t \eta_{1Et} \qquad (3.84)$$

$$\eta_{2t} = \bar{\eta}_{2t} - \beta_t \eta_{2Et} \qquad (3.85)$$

Auch hier sind die η die Marshallschen Preiselastizitäten der Nachfrage, während die $\bar{\eta}$ die Hicksschen (kompensierten) Nachfrageelastizitäten darstellen, die sich wie folgt ausdrücken lassen:

$$\bar{\eta}_{1t} = \beta_t \phi > 0 \qquad (3.86)$$

$$\bar{\eta}_{2t} = -(1-\beta_t)\phi < 0 \qquad (3.87)$$

ϕ ist die intratemporale Substitutionselastizität, die definiert ist als:

$$\phi = \frac{d\ln(c_{2t} / c_{1t})}{d\ln(|dc_{2t} / dc_{1t}|)} > 0 .$$

β_t $(1-\beta_t)$ ist der Anteil der Ausgaben für das zweite (erste) Gut an den Konsumausgaben in Periode t.

Da die intratemporalen Nutzenfunktionen C_t annahmegemäß linearhomogen sind, nehmen die η_{iEt} den Wert Eins an. Nach Einsetzen der Ausdrücke für die kompensierten Nachfrageelastizitäten in (3.84) und (3.85) folgt:

$$\eta_{1t} = \beta_t(\phi - 1) \qquad (3.88)$$

$$\eta_{2t} = -[(1-\beta_t)\phi + \beta_t] \qquad (3.89)$$

Bei gegebenen Ausgaben in der Periode t bewirkt eine Erhöhung des relativen Preises des zweiten Gutes bei einer Ausgabenelastizität von Eins in jedem Fall einen Nachfragerückgang nach dem zweiten Gut, während die Nachfrage nach Gut 1 steigen, fallen oder gleichbleiben kann, je

---

[43] Vgl. Ostry (1988, 570).

nachdem, ob die Substitutionselastizität zwischen beiden Gütern größer, kleiner oder gleich Eins ist. Bei einer gegebenen intratemporalen Substitutionselastizität wird der absolute Wert der Kreuzpreiselastizität der Nachfrage um so höher ausfallen, je höher der Anteil des zweiten Gutes an den Ausgaben ist. Die eigene Preiselastizität der Nachfrage wird bei hohen Ausgabenanteilen β betragsmäßig groß sein, wenn die intratemporale Substitutionselastizität geringere Werte als Eins annimmt.[44]

Für das weitere Vorgehen sind die Änderungsraten des realen Diskontfaktors und des Realvermögens herzuleiten, die beide Argumente der Nachfragefunktionen sind und unter anderem von den relativen Preisen in beiden Perioden abhängen.

Für die relative Änderungsrate des realen Diskontfaktors R_H gilt nach logarithmischem Differenzieren und Berücksichtigung der Tatsache, daß sich die Preisniveaus in beiden Perioden gemäß dem Anteil des zweiten Gutes am Warenkorb der Periode und der Relativpreisänderung verhalten:

$$\hat{R}_H = \hat{R} + \hat{P}_2 - \hat{P}_1 = \hat{R} + \beta_2 \hat{p}_2 - \beta_1 \hat{p}_1 \tag{3.90}$$

Die Änderungsrate des Realvermögens W_r resultiert aus zwei Faktoren.

$$\hat{W}_r = \hat{W} - \hat{P}_1 = \hat{W} - \beta_1 \hat{p}_1 \tag{3.91}$$

Auch W selbst ändert sich als Maximalwert bei Relativpreisänderungen in beiden Perioden, und zwar gemäß der Anteile α_1 und α_2, die die Produktion des zweiten Gutes in beiden Perioden am Gesamtvermögen hat.

$$\hat{W} = \alpha_1 \hat{p}_1 + \alpha_2 \hat{p}_2 \tag{3.92}$$[45]

mit $\alpha_1 \equiv \frac{x_{21} p_1}{W}$ und $\alpha_2 \equiv \frac{R x_{22} p_2}{W}$

---

[44] In den folgenden Kapiteln wird hin und wieder auf eine Cobb-Douglas-Nutzenfunktion zurückgegriffen, um noch interpretierbare Ergebnisse zu erhalten. In diesem Fall ist die intratemporale Substitutionselastizität gleich Eins. Dies impliziert eine direkte Preiselastizität von Eins und eine Kreuzpreiselastizität von Null.

[45] Hier sind nur die auf Relativpreisänderungen folgenden Vermögenseffekte wiedergegeben. Wie bereits im letzten Abschnitt verdeutlicht wurde, können sich Änderungen des Vermögens auch als Konsequenz anderer Datenänderungen ergeben. Diese werden erst in den Folgekapiteln behandelt.

Einsetzen der Elastizitätsausdrücke, der Veränderungsraten des realen Diskontfaktors und des Realvermögens in die Nachfragegleichungen (3.74) bis (3.77) ergibt:

$$\hat{c}_{11} = \beta_1(\phi - 1)\hat{p}_1 + \beta_1\hat{p}_1 + \gamma(\sigma - 1)\left[\hat{R} + \beta_2\hat{p}_2 - \beta_1\hat{p}_1\right] + (\alpha_1 - \beta_1)\hat{p}_1 + \alpha_2\hat{p}_2 \tag{3.93}$$

$$\begin{aligned}\hat{c}_{21} = &-\{(1-\beta_1)\phi + \beta_1\}\hat{p}_1 + \beta_1\hat{p}_1 + \gamma(\sigma - 1)\left[\hat{R} + \beta_2\hat{p}_2 - \beta_1\hat{p}_1\right] \\ &+ (\alpha_1 - \beta_1)\hat{p}_1 + \alpha_2\hat{p}_2\end{aligned} \tag{3.94}$$

$$\begin{aligned}\hat{c}_{12} = &\beta_2(\phi - 1)\hat{p}_2 + \beta_2\hat{p}_2 - \{(1-\gamma)\sigma + \gamma\}\left[\hat{R} + \beta_2\hat{p}_2 - \beta_1\hat{p}_1\right] \\ &+ (\alpha_1 - \beta_1)\hat{p}_1 + \alpha_2\hat{p}_2\end{aligned} \tag{3.95}$$

$$\begin{aligned}\hat{c}_{22} = &-\{(1-\beta_2)\phi + \beta_2\}\hat{p}_2 + \beta_2\hat{p}_2 - \{(1-\gamma)\sigma + \gamma\}\left[\hat{R} + \beta_2\hat{p}_2 - \beta_1\hat{p}_1\right] \\ &+ (\alpha_1 - \beta_1)\hat{p}_1 + \alpha_2\hat{p}_2\end{aligned} \tag{3.96}$$

Diese vier Gleichungen verdeutlichen noch einmal im Zusammenhang die Kanäle, über die Relativpreisänderungen auf die Güternachfrage wirken.[46] Der erste Summand jeder Gleichung gibt den intratemporalen Substitutionseffekt wieder. Er ist unter der getroffenen Annahme, daß die intratemporalen Nutzenfunktionen linear-homogen sind, negativ für die Nachfrage nach dem zweiten Gut und positiv für das erste Gut, sofern die intratemporale Substitutionselastizität zwischen beiden Gütern größer ist als Eins.

Der zweite Summand einer jeden Gleichung gibt den Preisniveaueffekt wieder, der stets positiv ist. Ein Preisanstieg beim zweiten Gut erhöht das Preisniveau in der betreffenden Periode um den Anteil, den dieses Gut an den Ausgaben der Periode hat. Bei konstanten realen Konsumausgaben C_t steigen somit die Konsumausgaben in dieser Periode und erhöhen die Nachfrage nach beiden Gütern aufgrund der Einkommenselastizitäten von Eins proportional.

Der dritte Summand der obigen Gleichungen bildet den intertemporalen Substitutionseffekt ab, der sich als Folge einer Änderung des realen Diskontfaktors ergibt. Letztere ist in der eckigen Klammer wiedergegeben und kann auf Zins- und Relativpreisänderungen zurückgeführt werden. Ein steigender realer Diskontfaktor erhöht die Nachfrage nach Gegenwartsgütern, wenn die intertemporale Substitutionselastizität größer als Eins ist. Er reduziert unter der Annahme einer Realvermögenselastizität

46 Vgl. zu einer ähnlichen Interpretation die Ausführungen bei Ostry (1988, 551 ff.).

des realen Konsums von Eins die Nachfrage nach Konsumgütern in der Zukunft.

Die beiden letzten Terme geben schließlich den Einfluß von Realvermögensänderungen auf die Konsumnachfrage wieder. Während ein steigender relativer Preis des zweiten Gutes in der zweiten Periode das Realvermögen und damit die Konsumnachfrage nach allen Gütern erhöht, führt ein Preiserhöhung bei demselben Gut in der ersten Periode zwar zu einem höheren Vermögen W, aber aufgrund der Deflationierung mit dem Preisniveau der ersten Periode zu einem insgesamt sinkenden Realvermögen W_r und damit zu einer sinkenden Nachfrage nach allen Gütern.[47]

3.3 Das Modellgleichgewicht

Die Entscheidungen der Unternehmen und der privaten Haushalte können nicht isoliert voneinander betrachtet werden. Eine erste Verbindung ergibt sich aufgrund der Tatsache, daß die in dem Unternehmenssektor erwirtschafteten Einkommen in beiden Perioden bzw. die Summe ihrer Gegenwartswerte (W) zugleich die an die Haushalte ausgeschütteten Einkommen darstellen, wobei zu berücksichtigen ist, daß es sich bei W um den maximalen (Gegenwarts-) Wert der Einkommen handelt, über den die Haushalte bei gegebener anfänglicher Faktorausstattung und bei gegebener Produktionstechnologie verfügen können. Dieses Vermögen entspricht der Summe der Barwerte der Konsumausgaben der Haushalte, d. h. daß über den gesamten Planungshorizont betrachtet alle Einkommen verausgabt werden.

Eine stärkere Interdependenz zwischen Unternehmen und Haushalten wird über die Gleichgewichtsbedingungen geschaffen. In allen Perioden wird davon ausgegangen, daß sowohl die Güter- als auch die Faktormärkte geräumt werden. Die Konkurrenz zwischen den Akteuren auf den Märkten sorgt über den Preismechanismus stets für ein Marktgleichgewicht.

Für die Faktormärkte wurde bereits bei der Analyse des Unternehmensverhaltens mit Gleichgewichten gearbeitet. Die sektoralen Arbeits- und Kapitalnachfragen mußten den in der betreffenden Periode vorhandenen Faktorbeständen entsprechen. Dies wurde in den Gleichungen (3.6) bis (3.9) ausgedrückt.

Auch die Gütermärkte müssen sich in beiden Perioden im Gleichgewicht befinden, wobei allerdings für beide Märkte unterschiedliche Bedingungen

---

[47] Wie bei der Gleichgewichtsanalyse noch zu zeigen sein wird, ist α_1 kleiner als β_1.

gelten. Bei den gehandelten Gütern müssen die inländische Produktion und die Summe aus in- und ausländischer Nachfrage in jeder Periode übereinstimmen. Aufgrund der Annahme einer kleinen Volkswirtschaft gilt bei den gehandelten Gütern, daß deren Angebot und Nachfrage unendlich preiselastisch ist, so daß das Ausland Abweichungen zwischen Inlandsproduktion und -nachfrage aufnimmt.

Da der zweite Sektor ausschließlich Güter produziert, die international nicht gehandelt werden, müssen in beiden Perioden inländisches Angebot und inländische Nachfrage übereinstimmen. Die Gleichgewichtsbedingungen für den zweiten Sektor lauten folglich:

$$x_{21}(p_1,...) = c_{21}(p_1, P_1C_1[R_H, W_r]) \tag{3.97}$$

und

$$x_{22}(p_2,...) = c_{22}(p_2, P_2C_2[R_H, W_r]). \tag{3.98}$$

Während in den vorangegangenen Abschnitten die beiden relativen Preise noch exogen für den Unternehmens- und den Haushaltssektor waren, gestattet es die Einführung der beiden Gleichgewichtsbedingungen nunmehr, die relativen Güterpreise p_1 und p_2 zu bestimmen.

Logarithmisches Differenzieren führt unter Berücksichtigung der in (3.42), (3.44), (3.94) und (3.96) hergeleiteten Ausdrücke zu Gleichgewichtsbedingungen, die in Änderungsraten formuliert sind.

$$\varepsilon_{21}\hat{p}_1 = -(1-\beta_1)\phi\hat{p}_1 + \gamma(\sigma-1)[\beta_2\hat{p}_2 - \beta_1\hat{p}_1] - \beta_1\gamma\hat{p}_1 + \beta_2\gamma\hat{p}_2 \tag{3.99}$$

$$\varepsilon_{22}\hat{p}_2 = -(1-\beta_2)\phi\hat{p}_2 - \{(1-\gamma)\sigma + \gamma\}[\beta_2\hat{p}_2 - \beta_1\hat{p}_1] - \beta_1\gamma\hat{p}_1 + \beta_2\gamma\hat{p}_2 \tag{3.100}$$

Hierbei wurden Änderungen des Weltmarktzinssatzes ebenso ausgeschlossen wie Produktivitäts- und Faktorbestandsänderungen.[48] Ferner wurden die α_i durch folgende Ausdrücke substituiert, wobei erstens davon Gebrauch gemacht wurde, daß im Gleichgewicht die Produktion und der Konsum der nicht gehandelten Güter übereinstimmen und ferner das Gesamtvermögen W vollständig über beide Perioden konsumiert wird:

---

[48] Die Wirkungen von Produktivitätsänderungen sind Gegenstand der Kapitel vier bis sechs. Weltmarktzinsänderungen behandeln Bruno (1982) sowie Persson und Svensson (1985).

$$\alpha_1 \equiv \frac{x_{21}p_1}{W} = \frac{c_{21}p_1}{P_1C_1}\frac{C_1}{W_r} = \beta_1(1-\gamma) \text{ und } \alpha_2 \equiv \frac{Rx_{22}p_2}{W} = \frac{c_{22}p_2}{P_2C_2}\frac{R_HC_2}{W_r} = \beta_2\gamma$$ [49]

Die linke Seite der Gleichgewichtsbedingungen (3.99) und (3.100) gibt die Änderungsrate des Angebots der nicht gehandelten Güter in der jeweiligen Periode an, während die rechte Seite Ausdrücke für die Änderungsraten der Nachfrage nach nicht gehandelten Gütern darstellt. Die Interpretation der einzelnen Summanden auf der rechten Seite entspricht weitgehend den Ausführungen, die im letzten Abschnitt gemacht wurden. Der erste Summand kombiniert jetzt den intratemporalen Substitutionseffekt und den Preisniveaueffekt, kann allerdings nach wie vor als intratemporaler Substitutionseffekt bezeichnet werden, wenn man die Nachfrage in einer Periode nicht allein als Funktion der relativen Preise, sondern in Abhängigkeit der realen, d. h. mit dem Preisniveau der Periode deflationierten relativen Preise (p_t/P_t) ausdrückt.[50]

Der zweite Summand gibt jeweils den intertemporalen Substitutionseffekt wieder, während die letzten beiden Summanden auf der Nachfrageseite die Realvermögenseffekte abbilden.

Nach Umformung der Gleichgewichtsbedingungen folgt:

G1: $-[(1-\beta_1)\phi + \gamma\sigma\beta_1 + \varepsilon_{21}]\hat{p}_1 + [\gamma\sigma\beta_2]\hat{p}_2 = 0$ (3.101)

G2: $[(1-\gamma)\sigma\beta_1]\hat{p}_1 - [(1-\beta_2)\phi + \beta_2(1-\gamma)\sigma + \varepsilon_{22}]\hat{p}_2 = 0$ (3.102)

Diese Ausdrücke besagen, daß die Änderung der Überschußnachfragen auf beiden Märkten in beiden Perioden, die sich preisbedingt ergeben, gleich Null sein müssen. Die folgende Abbildung gibt die Gleichgewichtsbedingungen (3.101) und (3.102) auf den Märkten für nicht gehandelte Güter in beiden Perioden wieder.

Der Verlauf der Gleichgewichtskurven läßt sich jeweils aus den beiden Gleichungen (3.101) und (3.102) herleiten, indem die beiden Änderungsraten für die relativen Preise in beiden Perioden in Beziehung zueinander gesetzt werden.

---

49 Wie diese Ausdrücke zeigen, sind die α_i kleiner als die β_i, da $0 < \gamma < 1$, was die im vorangegangen Abschnitt getroffenen Aussagen bestätigt.

50 Vgl. hierzu die Ausführungen bei Svensson und Razin (1983, 104 f.)

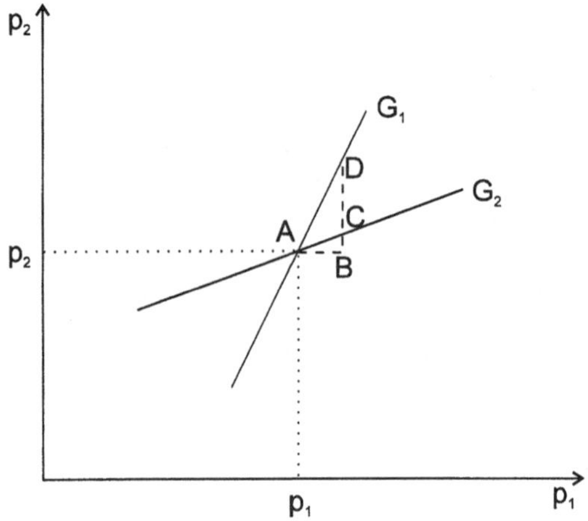

Abb. 3.1: Simultanes intertemporales Gleichgewicht auf den Märkten für nicht gehandelte Güter

$$\text{G1: } \left.\frac{\hat{p}_2}{\hat{p}_1}\right|_{G1} = \frac{(1-\beta_1)\phi + \gamma\sigma\beta_1 + \varepsilon_{21}}{\gamma\sigma\beta_2} > 0 \tag{3.103}$$

$$\text{G2: } \left.\frac{\hat{p}_2}{\hat{p}_1}\right|_{G2} = \frac{(1-\gamma)\sigma\beta_1}{(1-\beta_2)\phi + (1-\gamma)\sigma\beta_2 + \varepsilon_{22}} > 0 \tag{3.104}$$

Sowohl die Zähler als auch die Nenner der beiden obigen Ausdrücke sind positiv, da sie nur Konsumanteile und die positiven Angebots- und Substitutionselastizitäten enthalten, die zudem additiv verknüpft sind, so daß beide Gleichgewichtskurven ansteigend verlaufen. Zu prüfen ist ferner, welche der beiden Geraden steiler verläuft.

$$\left.\frac{\hat{p}_2}{\hat{p}_1}\right|_{G1} = \frac{(1-\beta_1)\phi + \gamma\sigma\beta_1 + \varepsilon_{21}}{\gamma\sigma\beta_2} \gtreqless \frac{(1-\gamma)\sigma\beta_1}{(1-\beta_2)\phi + (1-\gamma)\sigma\beta_2 + \varepsilon_{22}} = \left.\frac{\hat{p}_2}{\hat{p}_1}\right|_{G2}$$

Einen ersten Hinweis auf die Relation der Steigungen erhält man, wenn zunächst unterstellt wird, daß β_1 und β_2 annähernd gleich sind, was im allgemeinen bei ähnlichen Relativpreisen in beiden Perioden oder bei Verwendung von intratemporalen Cobb-Douglas-Nutzenfunktionen der Fall sein wird. G_1 wird dann steiler sein als G_2, wobei dieses Ergebnis durch hohe Angebotselastizitäten für das zweite Gut in beiden Perioden und eine hohe intratemporale Substitutionselastizität bekräftigt wird.

Wenn G_1 tatsächlich steiler verlaufen soll als G_2, so muß der Ausdruck

$$\Delta = \left[(1-\beta_1)\phi + \gamma\sigma\beta_1 + \varepsilon_{21}\right]\left[(1-\beta_2)\phi + (1-\gamma)\sigma\beta_2 + \varepsilon_{22}\right] - \gamma\sigma\beta_2(1-\gamma)\sigma\beta_1$$

positiv sein. Dies ist aber nichts anderes als die Bedingung, daß die Determinante der Koeffizientenmatrix des obigen Gleichungssystems positiv sein soll. Nach Umformung ergibt sich:

$$\Delta = \left[(1-\beta_1)\phi + \varepsilon_{21}\right]\left[(1-\beta_2)\phi + (1-\gamma)\sigma\beta_2 + \varepsilon_{22}\right] + \gamma\sigma\beta_1\left[(1-\beta_2)\phi + \varepsilon_{22}\right] \quad (3.105)$$

Δ ist eindeutig positiv, da die Klammerausdrücke nur positive Konsumanteile bzw. Substitutionselastizitäten enthalten, die additiv und multiplikativ verknüpft sind.

Das Verhältnis der Steigungen läßt sich auch ökonomisch verdeutlichen. Hierzu wird ausgehend von einem simultanen Gleichgewicht in beiden Perioden auf den Märkten für nicht gehandelte Güter ein Anstieg des relativen Preises des zweiten Gutes in der ersten Periode bei zunächst noch unverändertem Relativpreis in Periode 2 angenommen (Bewegung von A nach B in Abb. 1) und nach der erforderlichen Relativpreisanpassung in Periode 2 gefragt, die beide Märkte zu einem Gleichgewicht zurückbringt.

Eine Relativpreiserhöhung in der Gegenwart wird die Produktion des nicht gehandelten Gutes in der ersten Periode ausweiten. Auf der Nachfrageseite löst dies den intratemporalen Substitutionseffekt aus, der eindeutig negativ ist. Hinzu kommt ein intertemporaler Substitutionseffekt; denn mit dem relativen Preis des nicht gehandelten Gutes steigt das Preisniveau in der ersten Periode, was ceteris paribus den realen Diskontfaktor senkt. Dies wird zwar eine Substitution von realem Gegenwarts- durch Zukunftskonsum auslösen, von der allerdings nicht eindeutig gesagt werden kann, ob sie zu einer sinkenden Nachfrage nach Gegenwartskonsum führen wird. Für intertemporale Substitutionselastizitäten, die größer (kleiner) sind als Eins, wird die reale Nachfrage nach Gegenwartskonsum sinken (steigen).

Die Nachfrage nach nicht gehandelten Gütern wird schließlich vom Realvermögenseffekt beeinflußt, der - wie bereits im letzten Abschnitt erwähnt - aufgrund des dominierenden Deflatoreffekts negativ ist. Faßt man den intertemporalen Substitutionseffekt und den Realvermögenseffekt zusammen, ergibt sich auf jeden Fall eine rückläufige Nachfrage nach dem nicht gehandelten Gut in der ersten Periode. Dies wird in der Gleichung (3.101) durch den Term $-\gamma\sigma\beta_1$ zum Ausdruck gebracht.

Sowohl die Angebots- als auch die Nachfrageeffekte bewirken insgesamt einen eindeutigen Angebotsüberschuß auf dem Markt der nicht gehandelten Güter in der ersten Periode (Punkt B in Abb. 3.1).

Die Preiserhöhung für nicht gehandelte Güter in der ersten Periode stört auch das Gleichgewicht auf dem Markt für nicht gehandelte Güter der zweiten Periode. Allerdings entfällt hier der intratemporale Substitutionseffekt, denn bei gegebenen Ausgaben für den gesamten Zukunftskonsum hängt die Nachfrage nach Gütern der zweiten Periode nur noch von dem Relativpreis der zweiten Periode ab. Auf der Nachfrageseite wird das Gleichgewicht in Periode 2 folglich nur durch intertemporale Substitutionsvorgänge und durch die Realvermögenswirkung beeinflußt.

Das Sinken des realen Diskontfaktors R_H nach einer Erhöhung von p_1 macht den Zukunftskonsum attraktiver, wobei aufgrund der Annahme einer homothetischen intertemporalen Nutzenfunktion der reale Konsum in der Zukunft auf jeden Fall steigt, was die Nachfrage nach beiden Gütern proportional zunehmen läßt. Der Realvermögenseffekt ist - wie weiter oben beschrieben - negativ, kann aber die positiven Nachfrageimpulse des intertemporalen Substitutionseffekts nicht überkompensieren, was in Gleichung (3.102) durch den Term $(1-\gamma)\sigma\beta_1$ zum Ausdruck gebracht wird.

Da Relativpreisänderungen der ersten Periode keinerlei Angebotseffekte in der zweiten Periode nach sich ziehen, ergibt sich auf dem Markt für nicht gehandelte Güter in Periode 2 ein Nachfrageüberschuß (Punkt B in Abb. 3.1).

Gesucht wird nunmehr nach den Relativpreisanpassungen in Periode 2, die die Ungleichgewichte auf den Märkten für nicht gehandelte Güter beseitigen können. Auf beiden Märkten ist hierzu eine Erhöhung von p_2 erforderlich. Während für ein neues Gleichgewicht in Periode 2 ein relativ geringer Preisanstieg ausreichend ist (Punkt C), muß dieser für ein Gleichgewicht in der ersten Periode stärker ausfallen (Punkt D). Der Grund hierfür ist ökonomisch leicht einzusehen. Fällt der Relativpreisanstieg in der Zukunft ebenso stark aus wie in der Gegenwart, so gibt es bei einem unveränderten Weltmarktzins keinen intertemporalen Substitutionseffekt mehr; in den Gleichungen (3.99) und (3.100) nimmt der zweite Summand den Wert Null an. Ferner entfällt der Realvermögenseffekt. In den erwähnten beiden Gleichungen stimmen der dritte und vierte Summand dann wertmäßig überein und heben sich aufgrund des entgegengesetzten Vorzeichens gegenseitig auf.

In Periode 2 wäre somit die Störung, die sich aus der Relativpreiserhöhung in Periode 1 ergab, beseitigt, allerdings auf Kosten einer neuen

Störung; denn ein Anstieg von p_2 löst in der zweiten Periode sowohl einen intratemporalen Subsitutionseffekt als auch einen Angebotseffekt aus. Beide zusammen würden einen Angebotsüberschuß auslösen. Das Fazit aus diesen Überlegungen ist, daß der Preisanstieg in Periode 2 hinter dem Preisanstieg in Periode 1 zurückbleiben muß.

Ähnliche Überlegungen lassen sich für den Markt der nicht gehandelten Güter in der ersten Periode anstellen. Auch hier wird ein proportionaler Anstieg von p_1 und p_2 sowohl den intertemporalen Substitutions- als auch den Realvermögenseffekt eliminieren. Übrig bleibt jedoch der intratemporale Substitutionseffekt und der Angebotseffekt. Das heißt, daß durch eine proportionale Erhöhung beider Preise der anfänglich entstandene Angebotsüberschuß nur teilweise kompensiert werden kann. Um ihn vollständig zu beseitigen, bedarf es somit einer in Periode 2 stärkeren Preiserhöhung. In Abbildung 3.1 kommt dies darin zum Ausdruck, daß Punkt D oberhalb von Punkt C liegen muß.

Mittels der gleichgewichtigen relativen Preise in beiden Perioden läßt sich abschließend die Leistungsbilanzentwicklung der betrachteten Volkswirtschaft herleiten. Der Leistungsbilanzsaldo der Periode t ist das Ergebnis der Produktions- und Nachfrageentscheidungen der Unternehmen und Haushalte.

Der Leistungsbilanzsaldo jeder Periode ergibt sich als Differenz zwischen den jeweils in Einheiten des ersten Gutes gemessenen Produktionswerten bzw. Einkommen Y und den gesamten Konsum- und Investitionsausgaben. Die Leistungsbilanzgleichung lautet somit für Periode 1:

$$b_1 = x_{11} + p_1 x_{21} - c_{11} - p_1 c_{21} - I\left(1 + \frac{g}{2}\frac{I}{K_1}\right) = Y_1 - E_1 - Z = S_1 - Z \qquad (3.106)$$

Der Leistungsbilanzsaldo entspricht der Differenz aus gesamtwirtschaftlicher Ersparnis S_1 und Investition Z. Da Geld in diesem Modell nicht berücksichtigt wird, entspricht der Leistungsbilanzsaldo zugleich einem Nettokapitalexport der Volkswirtschaft. Hier wird noch einmal deutlich, daß beide Teilbilanzen der Zahlungsbilanz simultan geplant werden.

In Periode 2 werden keine Investitionen mehr vorgenommen, so daß sich die Gleichung für den Leistungsbilanzsaldo auf

$$b_2 = x_{12} + p_2 x_{22} - c_{12} - p_2 c_{22} = Y_2 - E_2 = S_2 \qquad (3.107)$$

reduziert.[51]

Die absolute Änderung der Leistungsbilanz kann durch totales Differenzieren ermittelt werden. Für die erste Periode gilt:

$$db_1 = dY_1 - dE_1 - dZ \tag{3.108}$$

Diese Änderungen sind abhängig von den relativen Preisen und den sonstigen sie bestimmenden Einflußfaktoren.

$$db_1 = dY_1(p_1, A_{11}, A_{21}) - d(P_1(p_1)C_1(R_H, W_r)) - dZ(p_2, A_{12}, A_{22})^{52} \tag{3.109}$$

Wegen der Einhaltung der intertemporalen Budgetrestriktion der Volkswirtschaft gilt außerdem:

$$b_1 + R \cdot b_2 = 0 \tag{3.110}$$

und nach totalem Differenzieren

$$db_1 + Rdb_2 + b_2 dR = 0 \tag{3.111}$$

Wird entweder von Zinsänderung abstrahiert oder war die Leistungsbilanz anfänglich in beiden Perioden ausgeglichen, so folgt:

$$db_1 + Rdb_2 = 0 \tag{3.112}$$

Das heißt, in diesem Fall ändern sich beide Leistungsbilanzsalden in unterschiedliche Richtung.

Damit ist die Modellstruktur hinreichend beschrieben. Die folgenden Kapitel analysieren die Konsequenzen exogener Schocks auf die Gleichgewichtswerte der angebotenen und nachgefragten Gütermengen. Diese können ihre Ursache auf dem Weltmarkt haben (wie zum Beispiel Veränderungen des Weltmarktzinssatzes), aber sie können auch durch Störungen im Inland bedingt sein (zum Beispiel als Folge von sektoralen Angebots- und Nachfrageänderungen). Da es das Anliegen dieser Arbeit,

---

[51] In den Leistungsbilanzgleichungen kann berücksichtigt werden, daß die Märkte für nicht gehandelte Güter durch entsprechende Preisreaktionen stets im Gleichgewicht sind, so daß der Saldo der Leistungsbilanz in jeder Periode auch der Differenz aus den produzierten und nachgefragten Mengen der gehandelten Güter entspricht.

[52] Für die relativen Preise bzw. realen Wechselkurse wurden die Zusammenhänge bereits verdeutlicht. Die funktionalen Beziehungen zwischen den Aggregaten Einkommen, Konsum und Investitionen in Periode Eins und den Technologieparametern werden in den folgenden Kapiteln hergeleitet. Die in der Gleichung erwähnten Determinanten stellen insofern bereits einen Vorgriff auf nachfolgende Überlegungen dar.

den Einfluß von Produktivitätsänderungen auf den Leistungsbilanzsaldo herauszuarbeiten, werden im weiteren Verlauf die Effizienzparameter A_{it} variiert.

In der Regel werden solche Änderungen zu einer Anpassung der relativen Preise der nicht gehandelten Güter in beiden Perioden führen. Diese wiederum haben Rückwirkungen auf die Produktions-, Investitions- und Konsumentscheidungen der Unternehmen und Haushalte in beiden Perioden. Somit wird in aller Regel auch der Leistungsbilanzsaldo, der das Resultat intertemporaler Spar- und Investitionsentscheidungen ist, von solchen Störungen erfaßt.

4 Technischer Fortschritt im Sektor der nicht gehandelten Güter

4.1 Temporärer technischer Fortschritt in Periode 1

4.1.1 Produktions-, Investitions- und Konsumeffekte

Dieses Kapitel widmet sich den Folgen des technischen Fortschritts in dem Sektor, der international nicht gehandelte Güter herstellt. Zunächst wird ein faktorneutraler technischer Fortschritt untersucht, der ausschließlich in der Gegenwart auftritt. Dieser äußert sich in dem Modell in einem Anstieg des Parameters A_{21}. Alle übrigen Effizienzparameter bleiben unverändert.

Aus dem Gleichungssystem (3.1) bis (3.4), (3.6), (3.7) sowie (3.20) bis (3.26) lassen sich die Anpassungen der Unternehmen an den temporären technischen Fortschritt im Sektor der nicht gehandelten Güter herleiten. Hierzu werden die Gleichungen nach den 13 Variablen $k_{11}, k_{21}, L_{11}, L_{21}, I, k_{12}, k_{22}, L_{12}, L_{22}, x_{11}, x_{21}, x_{12}, x_{22}$ sowie nach A_{21} total differenziert und für die Änderungen der 13 Variablen gelöst.

In der ersten Periode ergeben sich folgende Produktionsänderungen:[1]

$$\frac{dx_{11}}{dA_{21}} = \frac{L_{21} f_{11}\left(f_{21} - f_{21}' k_{21} + f_{21}' k_{11}\right)}{\left(k_{11} - k_{21}\right)^2 f_{21}''} + \frac{L_{11} p_1 f_{21}\left(f_{11} - f_{11}' k_{11} + f_{11}' k_{21}\right)}{\left(k_{11} - k_{21}\right)^2 f_{11}''} < 0 \tag{4.1}$$

$$\frac{dx_{21}}{dA_{21}} = -\frac{L_{21}\left(f_{21} - f_{21}' k_{21} + f_{21}' k_{11}\right)^2}{\left(k_{11} - k_{21}\right)^2 f_{21}''} + L_{21} f_{21} - \frac{p_1 f_{21}^2 L_{11}}{\left(k_{11} - k_{21}\right)^2 f_{11}''} > 0 \tag{4.2}$$

Ein faktorneutraler technischer Fortschritt im zweiten Sektor erhöht zunächst die Produktion und senkt die Stückkosten. Dies ist für die Unternehmen ein Anreiz zu einer weiteren Produktionssteigerung. Folglich wird die Faktornachfrage des zweiten Sektors zunehmen. Bei gegebenen Faktorausstattungen in der Gegenwart kann ein höherer Arbeits- und Kapitaleinsatz im Nichthandelssektor nur zustande kommen, wenn der erste Sektor Faktoren abgibt. Hiermit wird bei unterschiedlichen Kapitalintensitäten eine Anpassung der Faktornutzungspreise einhergehen, wobei der Preis desjenigen Faktors zunimmt, der in dem zweiten Sektor relativ

---

[1] Vereinfachend wurden die Technologieparameter A_{i1} in der Ausgangssituation hier auf den Wert Eins normiert.

intensiv genutzt wird. Die Produktionserhöhung im zweiten Sektor basiert somit zum einen auf dem Produktivitätsgewinn selbst und zum anderen auf dem Reallokationseffekt, der zu einer Faktorwanderung vom ersten in den zweiten Sektor führt.

Die Investitionsnachfrage der Unternehmen wird von dem technischen Fortschritt allerdings nicht berührt. Für die Investitionsnachfrage ist die Entwicklung des abdiskontierten Grenzprodukts des Kapitals in der zweiten Periode relevant. Der Kapitalnutzungspreis in der zweiten Periode ist bei unveränderten Effizienzparametern in der Zukunft nur eine Funktion der relativen Güterpreise. Da sich diese aber zunächst noch nicht verändert haben, bleibt auch das Grenzprodukt des Kapitals in der zweiten Periode konstant.

$$\frac{dI}{dA_{21}} = 0 \qquad (4.3)$$

Der auf die Gegenwart beschränkte technische Fortschritt hat demzufolge auch keinerlei Konsequenzen für die Outputentscheidungen in der zweiten Periode. Dies liegt daran, daß die Bedingungen für den optimalen Faktoreinsatz in Periode 2 von Störungen der Vorperiode nicht betroffen werden. Die Outputmengen werden somit bei zunächst unveränderten Güterpreisen konstant bleiben, so daß

$$\frac{dx_{12}}{dA_{21}} = 0 \qquad (4.4)$$

und

$$\frac{dx_{22}}{dA_{21}} = 0 \qquad (4.5)$$

gilt.[2]

Die um den technischen Fortschritt erweiterten Angebotsfunktionen der ersten Periode lauten nunmehr:

---

2 Reaktionen der Outputmengen der zweiten Periode auf einen temporären technischen Fortschritt ergeben sich bei Murphy (1986a). Bei ihm ist der Kapitalstock der ersten Periode nicht allein das Ergebnis vergangener Investitionsentscheidungen. Vielmehr können Teile des gegenwärtigen Kapitalstocks zur Produktion von Investitionsgütern verwendet werden, so daß für die Herstellung der beiden Güter weniger Kapital verfügbar ist.

$$x_{11} = x_{11}\left(\overset{-}{p_1}, \overset{-}{A_{21}}, \ldots\right) \tag{4.6}$$

$$x_{21} = x_{21}\left(\overset{+}{p_1}, \overset{+}{A_{21}}, \ldots\right) \tag{4.7}$$

Die Angebotsfunktionen in der zweiten Periode ändern sich nicht und werden nach wie vor durch die Gleichungen (3.39) und (3.40) wiedergegeben. Die Investitionsfunktion wird zu:

$$I = I\left(\overset{?}{p_2}, \overset{0}{A_{21}}, \ldots\right) \tag{4.8}$$ [3]

Logarithmisches Differenzieren der Angebotsfunktionen der ersten Periode ergibt:

$$\hat{x}_{11} = \varepsilon_{11}\hat{p}_1 + \varepsilon_{1A21}\hat{A}_{21} \tag{4.9}$$

$$\hat{x}_{21} = \varepsilon_{21}\hat{p}_1 + \varepsilon_{2A21}\hat{A}_{21} \tag{4.10}$$

ε_{iA21} ist die Elastizität der Produktion des Sektors i in bezug auf den temporären technischen Fortschritt im zweiten Sektor. Der zweite Sektor, in dem der technische Fortschritt stattfindet, wird überproportional von der Effizienzverbesserung begünstigt, während der andere Sektor schrumpft. Folglich ist ε_{1A21} negativ und ε_{2A21} größer als Eins.[4]

Über diese Elastizitäten lassen sich noch weitere Aussagen treffen. Die Elastizität des Outputs des zweiten Gutes auf den technischen Fortschritt (ε_{2A21}) ist exakt um Eins größer als die entsprechende Preiselastizität des Outputs (ε_{21}).

Wie aus den Optimalitätsbedingungen für den Faktoreinsatz in der ersten Periode zu erkennen ist, haben ein technischer Fortschritt im zweiten Sektor und Relativpreisänderungen des zweiten Gutes gleiche Wirkungen bezüglich der optimalen Kapitalintensität und des Arbeitseinsatzes in der

---

3 Die Reaktion der Investitionen auf eine Änderung von p_2 hängt von dem Verhältnis der Kapitalintensitäten in den beiden Sektoren ab (vgl. Gleichung (3.45) in Kapitel 3.1).

4 Dieses Ergebnis ergibt sich unmittelbar aus den Gleichungen (4.1) und (4.2). Wird Gleichung (4.2) durch den ursprünglichen Output des zweiten Sektors ($x_{21}=L_{21}f_{21}$) dividiert, so erhält man die Elastizität ε_{2A21}. Der zweite Summand nimmt den Wert Eins an, während der erste und der dritte Summand jeweils positiv sind, so daß die Elastizität größer ist als Eins.

Gegenwart.[5] Es ist mithin für die Änderung der sektoralen Kapital- und Arbeitsnachfrage der Unternehmen unerheblich, ob sich eine Störung in Form eines technischen Fortschritts oder einer Erhöhung des relativen Preises des nicht gehandelten Gutes vollzieht. Der einzige Unterschied zwischen beiden Datenänderungen besteht in der Wirkung auf den Output des nicht gehandelten Gutes.

Im Falle einer Relativpreisänderung ändert sich der Output gemäß

$$\hat{x}_{21} = \hat{L}_{21} + \theta_{K2}\hat{k}_{21} = \varepsilon_{21}\hat{p}_1,$$

wobei θ_{K2} die Produktionselastizität des Kapitals im zweiten Sektor darstellt. Als Outputänderung bei einer Produktivitätsverbesserung ergibt sich:

$$\hat{x}_{21} = \hat{A}_{21} + \hat{L}_{21} + \theta_{K2}\hat{k}_{21} = \varepsilon_{2A21}\hat{A}_{21}$$

Es gilt somit:

$$\frac{\hat{x}_{21}}{\hat{A}_{21}} = \varepsilon_{2A21} = 1 + \varepsilon_{21} = 1 + \frac{\hat{x}_{21}}{\hat{p}_1}$$

Die prozentualen Änderungen der Outputmengen in der zweiten Periode ergeben sich nach wie vor aus den Gleichungen (3.43) und (3.44).

Die aus dem technischen Fortschritt resultierenden Vermögenseffekte ergeben sich durch partielle Differentiation der Maximalwertefunktion nach dem Effizienzparameter A_{21}.

$$\frac{dW}{dA_{21}} = \frac{p_1 x_{21}}{A_{21}} > 0 \quad (4.11)$$

[6]

$$\frac{dW}{dA_{21}}\frac{A_{21}}{W} = \frac{p_1 x_{21}}{W} \equiv \alpha_{21}$$

---

[5] Siehe hierzu die Gleichungen (3.12) und (3.14) im dritten Kapitel.

[6] Hier wie auch in allen weiteren Kapiteln wird vereinfachend davon ausgegangen, daß der durch die Effizienzsteigerung ausgelöste Vermögenszuwachs ausschließlich der betrachteten inländischen Volkswirtschaft zusteht. Die Produktivitätsverbesserung ist demnach das Ergebnis von inländischen Prozeßinnovationen und nicht etwa die Folge eines Technologieimports aus dem Ausland, der entsprechend zu bezahlen wäre. In letzterem Fall würde der Vermögenszuwachs für die inländische Volkswirtschaft ausbleiben oder aber zumindest geringer ausfallen.

Wenn in der Ausgangssituation der Markt der nicht gehandelten Güter geräumt war, müssen produzierte und konsumierte Mengen des zweiten Gutes übereinstimmen $(x_{21} = c_{21})$, so daß folgende Beziehung gilt:

$$\frac{dW}{dA_{21}}\frac{A_{21}}{W} = \frac{p_1 x_{21}}{W} \equiv \alpha_{21} = \frac{p_1 c_{21}}{W} = \frac{p_1 c_{21}}{P_1 C_1}\frac{P_1 C_1}{W} = \beta_1(1-\gamma) \tag{4.12}$$

Der Anstieg des Vermögens bleibt hinter dem Produktivitätswachstum zurück, da die Anteile in Gleichung (4.12) kleinere Werte als Eins annehmen. Die Vermögensänderungen sind zusätzlich in den Nachfragegleichungen (3.93) bis (3.96) zu berücksichtigen. Wie zu erkennen ist, wird die Konsumgüternachfrage bei zunächst gegebenen realen Wechselkursen in beiden Perioden proportional zum Vermögen zunehmen.[7]

$$\hat{c}_{11} = (\beta_1\phi - \beta_1\gamma\sigma)\hat{p}_1 + \gamma\sigma\beta_2\hat{p}_2 + \beta_1(1-\gamma)\hat{A}_{21} \tag{4.13}$$

$$\hat{c}_{21} = -[(1-\beta_1)\phi + \gamma\sigma\beta_1]\hat{p}_1 + \gamma\sigma\beta_2\hat{p}_2 + \beta_1(1-\gamma)\hat{A}_{21} \tag{4.14}$$

$$\hat{c}_{12} = (1-\gamma)\sigma\beta_1\hat{p}_1 + [\beta_2\phi - \beta_2(1-\gamma)\sigma]\hat{p}_2 + \beta_1(1-\gamma)\hat{A}_{21} \tag{4.15}$$

$$\hat{c}_{22} = (1-\gamma)\sigma\beta_1\hat{p}_1 - [(1-\beta_2)\phi + (1-\gamma)\sigma\beta_2]\hat{p}_2 + \beta_1(1-\gamma)\hat{A}_{21} \tag{4.16}$$

4.1.2 Die Entwicklung der realen Wechselkurse

In der Zukunft wird es folglich vermögensbedingt zu einem Nachfrageüberschuß nach nicht gehandelten Gütern kommen, wobei das Angebot zunächst unverändert bleibt.

In der ersten Periode nimmt zwar ebenfalls die Nachfrage nach dem nicht gehandelten Gut zu, allerdings nur unterproportional zum technischen Fortschritt ($\beta_1(1-\gamma)<1$), da sich der Vermögenszuwachs, der sich als Folge der Effizienzsteigerung ergibt, auf alle Güter und Perioden gleichmäßig verteilt. Zugleich wird auch das Angebot an nicht gehandelten Gütern steigen, wobei aufgrund der Elastizität des Angebots bezüglich des technischen Fortschritts, die ja größer als Eins ist, insgesamt ein Angebotsüberschuß resultiert.

---

[7] Hier wie im folgenden wird ein konstanter Weltkapitalmarktzinssatz und Diskontfaktor R unterstellt.

Dies wird auch in den folgenden Gleichgewichtsbedingungen für die Märkte der nicht gehandelten Güter deutlich, die unter Berücksichtigung der Angebots- und Nachfragewirkungen des technischen Fortschritts nunmehr lauten:

$$\text{G1: } -\left[(1-\beta_1)\phi + \gamma\sigma\beta_1 + \varepsilon_{21}\right]\hat{p}_1 + \left[\sigma\gamma\beta_2\right]\hat{p}_2 = \left[1 + \varepsilon_{21} - \beta_1(1-\gamma)\right]\hat{A}_{21} \qquad (4.17)$$

$$\text{G2: } \left[(1-\gamma)\sigma\beta_1\right]\hat{p}_1 - \left[(1-\beta_2)\phi + \beta_2(1-\gamma)\sigma + \varepsilon_{22}\right]\hat{p}_2 = -\beta_1(1-\gamma)\hat{A}_{21} \qquad (4.18)$$

Mithilfe dieser beiden Gleichungen lassen sich graphisch die Verlagerungen der Gleichgewichtskurven aufgrund des technischen Fortschritts zeigen. In der ersten Periode kann der Angebotsüberschuß auf dem Markt für Produkte des zweiten Sektors (der Ausdruck in der eckigen Klammer auf der rechten Seite der Gleichung (4.17) ist positiv) bei unveränderten realen Wechselkursen in der Zukunft durch eine reale Abwertung in der Gegenwart beseitigt werden, die sowohl das Angebot senkt als auch über den intertemporalen und den intratemporalen Substitutionseffekt die Nachfrage erhöht.

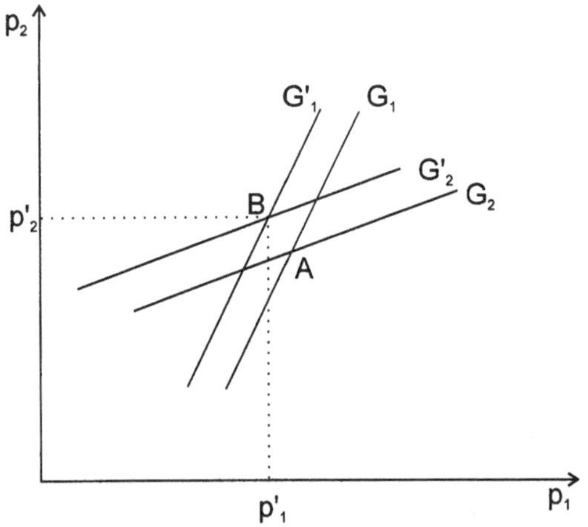

Abb. 4.1: Konsequenzen eines temporären technischen Fortschritts im zweiten Sektor für die realen Wechselkurse

Denkbar wäre auch bei konstantem p_1 eine reale Aufwertung in Periode 2, die den Angebotsüberschuß über eine Verteuerung des Zukunftskonsums und damit ausschließlich über intertemporale Substitutionseffekte beseitigen würde. Die G_1-Kurve wird folglich nach links bzw. oben verschoben.

Die G_2- Kurve wird in die gleiche Richtung verschoben. Der Nachfrageüberschuß auf dem Markt der nicht gehandelten Güter in Periode 2 läßt sich bei konstantem p_2 entweder über eine Reduzierung des relativen Preises p_1 abbauen, was die Nachfrage nach Zukunftskonsum über den intertemporalen Substitutionseffekt reduziert, oder aber bei konstantem p_1 über eine reale Aufwertung in der Zukunft, die zu einer Angebotsausweitung und aufgrund von intertemporalen und intratemporalen Substitutionseffekten zu einer Senkung der Nachfrage nach nicht gehandelten Gütern in der Zukunft führt.

Wird das Gleichungssystem (4.17) und (4.18) nach den beiden Preisänderungen aufgelöst, so ergibt sich:

$$\hat{p}_1 = -\frac{\left[(1-\beta_2)\phi + \varepsilon_{22}\right]\left[1+\varepsilon_{21} - \beta_1(1-\gamma)\right] + \beta_2(1-\gamma)\sigma\left[1+\varepsilon_{21} - \beta_1\right]}{\Delta}\hat{A}_{21} \qquad (4.19)$$

$$\text{mit } \Delta = \left[(1-\beta_1)\phi + \varepsilon_{21}\right]\left[(1-\beta_2)\phi + (1-\gamma)\sigma\beta_2 + \varepsilon_{22}\right] + \gamma\sigma\beta_1\left[(1-\beta_2)\phi + \varepsilon_{22}\right]$$

Der relative Preis des nicht gehandelten Gutes wird in der ersten Periode fallen, da alle Ausdrücke in den eckigen Klammern positiv sind.

Als gleichgewichtige Preisänderung in der zweiten Periode ergibt sich:

$$\hat{p}_2 = \beta_1(1-\gamma)\frac{(1-\beta_1)\phi + \varepsilon_{21} - \sigma(1+\varepsilon_{21} - \beta_1)}{\Delta}\hat{A}_{21} \qquad (4.20)$$

$$\text{mit } \Delta = \left[(1-\beta_1)\phi + \varepsilon_{21}\right]\left[(1-\beta_2)\phi + (1-\gamma)\sigma\beta_2 + \varepsilon_{22}\right] + \gamma\sigma\beta_1\left[(1-\beta_2)\phi + \varepsilon_{22}\right]$$

Die Preisänderung in Periode 2 ist nicht eindeutig. p_2 wird dann steigen, wenn die intertemporale Substitutionselastizität hinreichend klein ist, konkret wenn gilt:

$$\sigma < \frac{(1-\beta_1)\phi + \varepsilon_{21}}{1-\beta_1 + \varepsilon_{21}}$$

Die Bedeutung der intertemporalen Substitutionselastizität bei der Anpassung zum neuen Gleichgewicht läßt sich folgendermaßen erklären. Wie bereits weiter oben ausgeführt wurde, kann das überschüssige Angebot auf dem Markt der nicht gehandelten Güter in der Gegenwart angebots- und nachfrageseitig mit einer realen Abwertung in der ersten Periode beseitigt werden. Diese Senkung des relativen Preises p_1 würde für sich genommen zu einer Erhöhung des realen Diskontfaktors und somit zu einer relativen Verteuerung des Zukunftskonsums führen. Folglich wird der reale Zukunftskonsum sinken.[8] Ist nun die intertemporale Substitutionselastizität relativ gering, so fällt der Rückgang des realen Zukunftskonsums nur schwach aus, so daß auch nach der Senkung von p_1 auf dem Markt für nicht gehandelte Güter in der zweiten Periode die anfängliche Überschußnachfrage bestehen bleibt und folglich der Preis des nicht gehandelten Gutes auch in der Zukunft steigen muß. Bei einer hohen intertemporalen Substitutionselastizität hingegen wird der Rückgang des Zukunftskonsums relativ stark ausfallen. Dies macht aus der Überschußnachfrage ein Überschußangebot, so daß p_2 fallen muß, um zu einem neuen Gleichgewicht in beiden Perioden zu gelangen.

Bei intratemporalen Cobb-Douglas-Nutzenfunktionen, bei denen die Substitutionselastizität ϕ den Wert Eins annimmt, wird der Preis des nicht gehandelten Gutes in der zweiten Periode steigen (fallen), wenn die intertemporale Substitutionselastizität kleiner (größer) ist als Eins. Ist diese Bedingung erfüllt, so wird auch der reale Diskontfaktor steigen.

Die genaue Entwicklung des realen Diskontfaktors ergibt sich aus Gleichung (3.90). Neben Zinsänderungen sind für den realen Diskontfaktor auch Preisniveauveränderungen in der Gegenwart und in der Zukunft von Relevanz. Letztere wiederum ergeben sich als Folge realer Auf- bzw. Abwertungen, die mit den Anteilen des nicht gehandelten Gutes Eingang in die Preisniveaubestimmung finden. Um die Analyse überschaubar zu halten, wird hier und in den folgenden Kapiteln jeweils an dieser Stelle angenommen, daß die Ausgabenanteile β_1 und β_2 identisch sind ($\beta_1=\beta_2=\beta$). Damit sind auch die intratemporalen Nachfrageelastizitäten in beiden Perioden gleich.

Unter dieser Prämisse ist bei gegebenem Weltmarktzinssatz für das Vorzeichen der Änderung des realen Diskontfaktors nur noch die Differenz der Wachstumsraten der Preisniveaus in der zweiten und ersten Periode von Relevanz.

$$\hat{R}_H = \beta(\hat{p}_2 - \hat{p}_1)$$

Sind die Ausgabenanteile für beide Güter in der Gegenwart und der Zukunft identisch, so gilt:

---

[8] Siehe hierzu den ersten Summanden in den Gleichungen (4.15) und (4.16). Der Koeffizient vor der Preisänderung ist das Produkt der kompensierten Nachfrageelastizität aus (3.81) und dem Anteil β_1, der den Einfluß einer Preisänderung des zweiten Gutes auf das Preisniveau in der ersten Periode angibt.

$$\hat{p}_2 - \hat{p}_1 = -\frac{\left[(1-\beta)\phi + (1-\gamma)\beta + \varepsilon_{22}\right]\varepsilon_{21} + (1-\beta)\phi + \left(1-\beta(1-\gamma)\right)\varepsilon_{22}}{\Delta'}\hat{A}_{21} \qquad (4.21)$$

mit $\Delta' = \left[(1-\beta)\phi + \varepsilon_{21}\right]\left[(1-\beta)\phi + (1-\gamma)\sigma\beta + \varepsilon_{22}\right] + \gamma\sigma\beta\left[(1-\beta)\phi + \varepsilon_{22}\right]$

Unter der getroffenen Prämisse wird sich eine Erhöhung des realen Diskontfaktors bzw. ein sinkender Realzins ergeben.

4.1.3 Leistungsbilanzwirkungen des temporären technischen Fortschritts

Mit den gleichgewichtigen Preisänderungen lassen sich die Leistungsbilanzreaktionen bestimmen, wobei sich die Ausführungen auf den Leistungsbilanzsaldo der ersten Periode konzentrieren.[9] Der Leistungsbilanzsaldo entspricht der Differenz aus der gesamtwirtschaftlichen Ersparnis und der Investition. Die Ersparnis ihrerseits ergibt sich aus dem Einkommen abzüglich der Konsumausgaben der ersten Periode. Um die Entwicklung der Leistungsbilanz bestimmen zu können, ist demzufolge zu untersuchen, wie sich das Einkommen, die Konsumausgaben und die Investitionen in der Gegenwart verändern, wobei zu beachten ist, daß diese Größen ihrerseits Funktionen der realen Wechselkurse und des technischen Fortschritts sind.

$$b_1 = Y_1(p_1, A_{21}) - P_1(p_1)C_1(R_H, W_r) - Z(p_2) \qquad (4.22)$$

Zunächst wird die Einkommensreaktion in Periode 1 hergeleitet.

$$\frac{dY_1}{W} = \beta(1-\gamma)\left(\hat{p}_1 + \hat{A}_{21}\right) \qquad (4.23)$$

Auf das Einkommen der Gegenwart wirken zwei entgegengesetzte Faktoren. Der technische Fortschritt wird das Einkommen erhöhen. In der Folge wird allerdings eine reale Abwertung in der Gegenwart stattfinden, die ihrerseits das in Einheiten des gehandelten Gutes gemessene Einkommen senkt. Es ist somit durchaus denkbar, daß das Einkommen in der ersten Periode trotz des in dieser Periode stattfindenden technischen Fortschritts zurückgeht.[10]

---

9 Da der Diskontfaktor R unverändert ist, muß sich der Leistungsbilanzsaldo in der Zukunft in die andere Richtung entwickeln. Siehe hierzu Gleichung (3.112).

10 Im Grunde handelt es sich hierbei um eine Form des „immiserizing growth“, auf das Bhagwati hingewiesen hat, vgl. Bhagwati (1958). Der Unterschied zu Bhagwatis Ver-

Setzt man die gleichgewichtige Preisänderung der ersten Periode in die Gleichung für die Einkommensänderung ein, so ergibt sich nach einigen Umformungen:

$$\frac{dY_1}{W} = \beta(1-\gamma)\frac{(1-\beta)(\phi-1)[(1-\beta)\phi+(1-\gamma)\sigma\beta+\varepsilon_{22}]+\gamma\beta(\sigma-1)[(1-\beta)\phi+\varepsilon_{22}]}{\Delta'}\hat{A}_{21} \quad (4.24)$$

Wie aus Gleichung (4.24) zu erkennen ist, hängt die Gesamtwirkung des technischen Fortschritts auf das Einkommen in Periode 1 maßgeblich von der intertemporalen und der intratemporalen Substitutionselastizität der Nachfrage ab. Eine hinreichende, jedoch keinesfalls notwendige Bedingung für ein sinkendes (steigendes) Einkommen in Periode 1 ist, daß die beiden Substitutionselastizitäten kleiner (größer) als Eins sind. Sind die intratemporalen Nutzenfunktionen vom Cobb-Douglas-Typ (ϕ=1), so wird das in gehandelten Gütern gemessene Einkommen der ersten Periode genau dann zunehmen, wenn die intertemporale Substitutionselastizität größer als Eins ist.

Um die Reaktion der Ersparnis zu ermitteln sind zunächst die Konsumausgaben zu untersuchen.

$$\frac{dE_1}{W} = (1-\gamma)\beta[(1-\gamma\sigma)\hat{p}_1 + \gamma\sigma\hat{p}_2 + (1-\gamma)\hat{A}_{21}] \quad (4.25)$$

Da sich die relativen Preise in unterschiedliche Richtungen entwickeln können, zumindest aber der relative Preis in Periode 1 sinkt, ist nicht von vornherein klar, wie sich die Konsumausgaben in der Gegenwart ändern werden. Nach Einsetzen der gleichgewichtigen Preisänderungen folgt:

$$\frac{dE_1}{W} = (1-\gamma)\beta\frac{(1-\beta)(\phi-1)(1-\gamma)[(1-\beta)\phi+\sigma\beta+\varepsilon_{22}]+\gamma(\sigma-1)(1+\varepsilon_{21})[(1-\beta)\phi+\varepsilon_{22}]}{\Delta'}\hat{A}_{21} \quad (4.26)$$

---

elendungswachstum liegt darin, daß es sich hier nicht um eine Verschlechterung der Terms of Trade des Landes handelt, die sich durch ein stark exportorientiertes Wachstum einstellen kann und die dann zustande kommt, wenn die betrachtete Volkswirtschaft einen Einfluß auf die Weltmarktpreise hat. Ein Rückgang des Einkommens kann hier vielmehr durch Faktoren verursacht werden, die von der betrachteten Volkswirtschaft allein beeinflußt werden, ohne daß sie die Weltmarktpreise der gehandelten Güter oder den Weltmarktzinssatz beeinflußt.

Ähnlich wie beim Einkommen wird die Entwicklung der Ausgaben unter anderem von der Höhe der Substitutionselastizitäten abhängen. Sind sowohl die intertemporale als auch die intratemporale Substitutionselastizität größer als Eins, so werden die Ausgaben für den gegenwärtigen Konsum steigen. Sind beide kleiner als Eins, sinken die Konsumausgaben in der ersten Periode. Keine eindeutigen Aussagen lassen sich treffen, wenn eine Substitutionselastizität größer und die andere kleiner als Eins ist, da das Vorzeichen der Gleichung (4.26) dann von mehreren weiteren Faktoren abhängt. Bei Verwendung von Cobb-Douglas-Nutzenfunktionen werden die Konsumausgaben in der Gegenwart dann zunehmen, wenn die intertemporale Substitutionselastizität größere Werte als Eins annimmt.

Für die Änderung der Ersparnis gilt

$$\frac{dS_1}{W} = \frac{dY_1}{W} - \frac{dE_1}{W} = (1-\gamma)\gamma\beta\sigma\left[\hat{p}_1 - \hat{p}_2\right] + \gamma\beta(1-\gamma)\hat{A}_{21} \tag{4.27}$$

bzw. nach Einsetzen der Gleichgewichtswerte

$$\frac{dS_1}{W} = (1-\gamma)\beta\gamma\left[(1-\beta)\phi + \varepsilon_{22}\right]\frac{\left[(1-\beta)\phi - \sigma(1-\beta+\varepsilon_{21}) + \varepsilon_{21}\right]}{\Delta'}\hat{A}_{21} \tag{4.28}$$

Das Vorzeichen der Ersparnisänderung hängt von dem Zähler des Bruches in Gleichung (4.28) ab.

$$dS \overset{>}{\underset{<}{=}} 0\text{, wenn } \sigma \overset{<}{\underset{>}{=}} \frac{(1-\beta)\phi + \varepsilon_{21}}{1-\beta+\varepsilon_{21}} \tag{4.29}$$

Es handelt sich hierbei um die gleiche Bedingung, die über die Veränderung des relativen Preises des nicht gehandelten Gutes in der zweiten Periode entscheidet. Unterstellt man vereinfachend Cobb-Douglas-Teilnutzenfunktionen, so wird die gesamtwirtschaftliche Ersparnis dann steigen (fallen), wenn die intertemporale Substitutionselastizität kleiner (größer) ist als Eins.

Die Investitionen reagieren nur auf die Preisänderung in der zweiten Periode, da der technische Fortschritt nur temporärer Natur ist.

$$\frac{dZ}{W} = \frac{Z}{W}\varepsilon_{Z2}\hat{p}_2 \tag{4.30}$$

Die Entwicklung der Investitionsausgaben der Unternehmen in der ersten Periode wird - wie in der obigen Gleichung zum Ausdruck kommt - von der realen Wechselkursänderung und von ε_{Z2}, der Preiselastizität der Investitionsausgaben, determiniert. Letztere hängt von den sektoralen Kapitalintensitäten in der zweiten Periode ab. ε_{Z2} ist positiv (negativ), wenn der zweite Sektor kapitalintensiver (weniger kapitalintensiv) produziert als der erste.

Nachdem die Ersparnis und die Investitionen separat betrachtet wurden, kann nunmehr die Leistungsbilanzreaktion bestimmt werden.

$$\frac{db_1}{W} = \left\{\left[(1-\beta)\phi + \varepsilon_{22}\right]\gamma - \frac{Z}{W}\varepsilon_{Z2}\right\} \frac{\left[(1-\beta)\phi - \sigma(1-\beta+\varepsilon_{21}) + \varepsilon_{21}\right]}{\Delta'} \hat{A}_{21} \qquad (4.31)$$

Ob sich die Leistungsbilanz verbessert oder verschlechtert, hängt von dem Zähler des Bruches und dem Ausdruck in der geschweiften Klammer ab. Haben beide Terme das gleiche Vorzeichen, ergibt sich eine Leistungsbilanzverbesserung. Dieser Fall wird dann eintreten, wenn die Bedingung für eine reale Aufwertung in der zweiten Periode erfüllt ist und der zweite Sektor eine geringere Kapitalintensität als der erste aufweist. Die Ersparnis wird dann steigen, während die Investitionen zurückgehen.

Eine Verbesserung der Leistungsbilanz ergibt sich ebenfalls, wenn in der zweiten Periode eine reale Abwertung erfolgt und zugleich

$$\left[(1-\beta)\phi + \varepsilon_{22}\right]\gamma < \frac{Z}{W}\varepsilon_{Z2} \qquad (4.32)$$

gilt. Bei einer realen Abwertung in Periode 2 wird zwar die Ersparnis sinken, was tendenziell leistungsbilanzverschlechternd wirkt. Ist jedoch die obige Bedingung erfüllt, so werden auch die Investitionen zurückgehen, wobei der Rückgang der Investitionsausgaben stärker ausfällt als die Ersparnissenkung. Da die linke Seite in (4.32) positiv ist, muß ε_{Z2} auf jeden Fall positiv sein, d. h. aber, daß das zweite Gut relativ kapitalintensiv hergestellt wird.

Die Bedingung (4.32) wird um so eher erfüllt sein, je geringer der Anteil der Ausgaben für den Konsum in Periode 2 (γ), je geringer die Angebotselastizität (ε_{22}) und die kompensierte Nachfrageelastizität ($(1-\beta)\phi$) für das zweite Gut und je höher die Elastizität der Investitionsausgaben in bezug auf zukünftige Relativpreisänderungen beim zweiten Gut (ε_{Z2}) ist.

4.2 Erwarteter technischer Fortschritt in Periode 2

4.2.1 Produktions-, Investitions- und Konsumeffekte

Die nun folgenden Überlegungen beziehen sich auf die Konsequenzen einer faktorneutralen Produktivitätsverbesserung, die im Sektor der nicht gehandelten Güter auftritt, die aber ausschließlich auf die Periode 2 beschränkt bleibt. Im Modell erhöht sich der Effizienzparameter A_{22}, während alle übrigen exogenen Variablen unverändert bleiben. Diese Produktivitätsverbesserung wird annahmegemäß von den Unternehmen und Haushalten korrekt antizipiert und wird somit bereits in der Gegenwart Anpassungen hervorrufen.

Zunächst werden wiederum die Konsequenzen dieser Datenänderung auf die Angebots- und Investitionsentscheidungen der Unternehmen betrachtet. Da sich Produktivitätsparameter in der Gegenwart nicht ändern, gibt es aufgrund eines zukünftig erwarteten technischen Fortschritts bei noch unveränderten Güterpreisen in Periode 1 keine Reaktion der sektoralen Faktornachfragen seitens der Unternehmen.

Folglich werden die Güterangebote in der ersten Periode nicht von der technologischen Verbesserung in der Zukunft betroffen, da diese ausschließlich von den Preisen und den Technologieparametern in der Gegenwart abhängen.

$$\frac{dx_{11}}{dA_{22}} = 0 \tag{4.33}$$

$$\frac{dx_{21}}{dA_{22}} = 0 \tag{4.34}$$

Der erwartete technische Fortschritt im Sektor der nicht gehandelten Güter wird allerdings das Investitionsnachfrageverhalten der Unternehmen verändern.

$$\frac{dI}{dA_{22}} = -\frac{p_2 K_1 R f_{22}}{(k_{12} - k_{22})g} \tag{4.35}$$

Die Investitionsgüternachfrage wird demnach als Reaktion auf einen Hicks-neutralen technischen Fortschritt zurückgehen (steigen), wenn die Kapitalintensität im Sektor 2 geringer (höher) ist als im Sektor 1. Die Produktivitätsverbesserung wird die Stückkosten im Sektor 2 reduzieren und damit bei unveränderten Güterpreisen zu einer höheren Produktionsfaktornachfrage der in diesem Sektor tätigen Unternehmen führen. Ist die Produktion des nicht gehandelten Gutes relativ arbeitsintensiv, so wird der Kapitalnutzungspreis relativ zum Lohnsatz fallen. Hierdurch wird aber auch der für die Investitionsentscheidungen relevante Gegenwartswert des Wertgrenzprodukts des Kapitals zurückgehen. Die Investitionsnachfrage wird folglich sinken. Entsprechend wird bei einer relativ kapitalintensiven Produktionsweise im zweiten Sektor der Gegenwartswert des Kapitalnutzungspreises zunehmen, so daß die Investitionen ebenfalls steigen werden.

Die Angebotseffekte, die sich als Folge der Produktivitätsänderung bei unveränderten relativen Preisen ergeben, werden in den Gleichungen (4.36) und (4.37) wiedergegeben.

$$\frac{dx_{12}}{dA_{22}} = \frac{L_{22}f_{12}\left(f_{22} - f'_{22}k_{22} + f'_{22}k_{12}\right)}{\left(k_{12} - k_{22}\right)^2 f''_{22}} + \frac{L_{12}p_2 f_{22}\left(f_{12} - f'_{12}k_{12} + f'_{12}k_{22}\right)}{\left(k_{12} - k_{22}\right)^2 f''_{12}} - \frac{f_{22}f_{12}p_2 K_1 R}{\left(k_{12} - k_{22}\right)^2 g} < 0 \tag{4.36}$$

$$\frac{dx_{22}}{dA_{22}} = -\frac{L_{22}\left(f_{22} - f'_{22}k_{22} + f'_{22}k_{12}\right)^2}{\left(k_{12} - k_{22}\right)^2 f''_{22}} - \frac{p_2 f_{22}^2 L_{12}}{\left(k_{12} - k_{22}\right)^2 f''_{12}} + L_{22}f_{22} + \frac{p_2 f_{22}^2 K_1 R}{\left(k_{12} - k_{22}\right)^2 g} > 0 \tag{4.37}$$

Es wird die Produktion des Sektors ausgeweitet, in dem der technische Fortschritt stattfindet. Der andere Sektor schränkt seine Produktion ein. Diese Angebotseffekte stellen sich wiederum als Ergebnis zweier theoretisch trennbarer Effekte ein: dem aus statischen allgemeinen Gleichgewichtsmodellen bekannten Reallokationseffekt und dem hier hinzukommenden Investitionseffekt. Ersterer besagt, daß nach der Stückkostensenkung, die der technische Fortschritt auslöst, der zweite Sektor seine Produktion erhöht und hierzu Faktoren aus dem anderen Sektor abzieht. Dieses Ergebnis kommt unabhängig von den sektoralen Kapitalintensitäten zustande.

Die Kapitalintensitäten sind aber für den modellendogenen Rybczynski-Effekt maßgeblich, was aus Gleichung (4.35) hervorgeht. Die veränderten Faktorentlohnungen führen zu Kapitalstockanpassungen und verstärken die aus dem statischen Reallokationseffekt resultierenden Angebotswirkungen. Wird das zweite Gut relativ kapitalintensiv hergestellt, so wird der Kapitalnutzungspreis steigen, was die Investitionsnachfrage erhöht. Der zunehmende Kapitalstock in Periode 2 wird seinerseits für eine zusätzliche Angebotsausweitung beim zweiten Gut bzw. eine Angebotsverknappung beim ersten Gut sorgen.

Produziert hingegen der zweite Sektor arbeitsintensive Güter, so wird der in der zweiten Periode erwartete Kapitalnutzungspreis und damit die Investitionsnachfrage der Unternehmen als Folge des technischen Fortschritts zurückgehen. Der nunmehr sinkende Kapitalstock in der Zukunft führt zu einer Produktionssenkung im kapitalintensiven und einer Angebotsausweitung im arbeitsintensiven Sektor. Folglich wird auch in diesem Fall die Produktion des zweiten Sektors zusätzlich zunehmen.

Die Angebotsfunktionen der zweiten Periode und die Investitionsfunktion lauten somit:

$$x_{12} = x_{12}\left(\overset{-}{p}_2, \overset{-}{A}_{22}, \ldots\right) \qquad (4.38)$$

$$x_{22} = x_{22}\left(\overset{+}{p}_2, \overset{+}{A}_{22}, \ldots\right) \qquad (4.39)$$

$$I = I\left(\overset{+}{p}_2, \overset{+}{A}_{22}, \ldots\right) \text{ wenn } k_{12} < k_{22}$$

$$I = I\left(\overset{-}{p}_2, \overset{-}{A}_{22}, \ldots\right) \text{ wenn } k_{12} > k_{22} \qquad (4.40)$$

Logarithmisches Differenzieren der Angebotsfunktionen der zweiten Periode ergibt:

$$\hat{x}_{12} = \varepsilon_{12}\hat{p}_2 + \varepsilon_{1A22}\hat{A}_{22} \qquad (4.41)$$

und

$$\hat{x}_{22} = \varepsilon_{22}\hat{p}_2 + \varepsilon_{2A22}\hat{A}_{22} \qquad (4.42)$$

ε_{iA22} steht für die Elastizität der Produktion des Sektors i in bezug auf die zukünftige Produktivitätsänderung im zweiten Sektor. Zwischen der Elastizität des Angebots des zweiten Gutes auf die Produktivitätsänderung und der Preiselastizität des Angebots beim zweiten Gut bestehen die gleichen Beziehungen, die schon für die erste Periode hergeleitet wurden. Ein technischer Fortschritt im zweiten Sektor hat die gleichen Konsequenzen für die sektoralen Kapitalintensitäten und die Arbeitsnachfragen der Unternehmen wie eine gleich starke Erhöhung des relativen Preises des zweiten Gutes. Der einzige Unterschied besteht darin, daß der prozentuale Outputzuwachs beim technischen Fortschritt um Eins größer ausfällt als bei einer Relativpreiserhöhung.

$$\varepsilon_{2A22} = 1 + \varepsilon_{22}$$

Der Effizienzgewinn ändert bei gegebenen Preisen die Konsummöglichkeiten der Volkswirtschaft. Diese Vermögenseffekte ergeben sich wiederum durch partielle Differentiation der Maximalwertefunktion nach dem Effizienzparameter des zweiten Sektors in der zweiten Periode (A_{22}).

$$\frac{dW}{dA_{22}} = \frac{Rp_2 x_{22}}{A_{22}} > 0 \tag{4.43}$$

Als relative Vermögensänderung ergibt sich unter Berücksichtigung der Gleichgewichtsbedingung für den Markt der nicht gehandelten Güter in Periode 2 und die im dritten Kapitel definierten Anteile des Konsums:

$$\frac{dW}{dA_{22}} \frac{A_{22}}{W} = \frac{Rp_2 x_{22}}{W} \equiv \alpha_{22} = \frac{Rp_2 c_{22}}{W} = \frac{p_2 c_{22}}{P_2 C_2} \frac{RP_2 C_2}{W} = \beta_2 \gamma \tag{4.44}$$

Da beide Anteile in (4.44) kleiner als Eins sind, werden die Konsummöglichkeiten der Volkswirtschaft nur unterproportional zur Produktivitätssteigerung im zweiten Sektor wachsen. Mit der so ermittelten Vermögensänderung können nun Nachfragewirkungen bei konstanten Preisen bestimmt werden.

$$\hat{c}_{11} = (\beta_1 \phi - \beta_1 \gamma \sigma)\hat{p}_1 + \gamma \sigma \beta_2 \hat{p}_2 + \beta_2 \gamma \hat{A}_{22} \tag{4.45}$$

$$\hat{c}_{21} = -[(1-\beta_1)\phi + \gamma \sigma \beta_1]\hat{p}_1 + \gamma \sigma \beta_2 \hat{p}_2 + \beta_2 \gamma \hat{A}_{22} \tag{4.46}$$

$$\hat{c}_{12} = (1-\gamma)\sigma \beta_1 \hat{p}_1 + [\beta_2 \phi - \beta_2 (1-\gamma)\sigma]\hat{p}_2 + \beta_2 \gamma \hat{A}_{22} \tag{4.47}$$

$$\hat{c}_{22} = (1-\gamma)\sigma \beta_1 \hat{p}_1 - [(1-\beta_2)\phi + (1-\gamma)\sigma \beta_2]\hat{p}_2 + \beta_2 \gamma \hat{A}_{22} \tag{4.48}$$

In beiden Perioden wird die Nachfrage nach Gut 1 und 2 wegen der homothetischen intertemporalen und intratemporalen Nutzenfunktionen proportional zur Vermögensänderung steigen. In Periode 1 wird die Nachfrage nach beiden Gütern aufgrund des erwarteten Vermögensanstiegs bereits zunehmen. Die Haushalte werden folglich eine Glättung ihrer Konsumstruktur wünschen. Dies impliziert aufgrund der Budgetrestriktion der Haushalte, daß in Periode 2, in der ja letztlich die Einkommenserhöhung entsteht, der Konsum dieser Periode unterproportional zum Einkommen in der zweiten Periode zunimmt.

4.2.2 Die Entwicklung der realen Wechselkurse

Während sich das Angebot und die Nachfrage auf den Märkten für gehandelte Güter getrennt voneinander entwickeln können, sind bei den nicht gehandelten Gütern die Gleichgewichtsbedingungen zu erfüllen, die verlangen, daß die produzierten und konsumierten Mengen des zweiten Gutes in beiden Perioden gleichgerichtet wachsen. Unter Berücksichtigung der Angebots- und Nachfragewirkungen der Produktivitätsverbesserung muß gelten:

$$\text{G1:}\ -\left[(1-\beta_1)\phi + \gamma\sigma\beta_1 + \varepsilon_{21}\right]\hat{p}_1 + \left[\sigma\gamma\beta_2\right]\hat{p}_2 = -\beta_2\gamma\hat{A}_{22} \qquad (4.49)$$

$$\text{G2:}\ \left[(1-\gamma)\sigma\beta_1\right]\hat{p}_1 - \left[(1-\beta_2)\phi + \beta_2(1-\gamma)\sigma + \varepsilon_{22}\right]\hat{p}_2 = \left[1+\varepsilon_{22}-\beta_2\gamma\right]\hat{A}_{22} \qquad (4.50)$$

In der folgenden Graphik werden die Wirkungen des technischen Fortschritts auf die relativen Preise des zweiten Gutes in beiden Perioden skizziert. Da die Güterangebote der ersten Periode unverändert bleiben, wird das Gleichgewicht auf dem Markt für nicht gehandelte Güter hier nur aufgrund der eingetretenen Nachfragereaktion gestört. Der erwartete Vermögensanstieg läßt hier eine Überschußnachfrage entstehen.

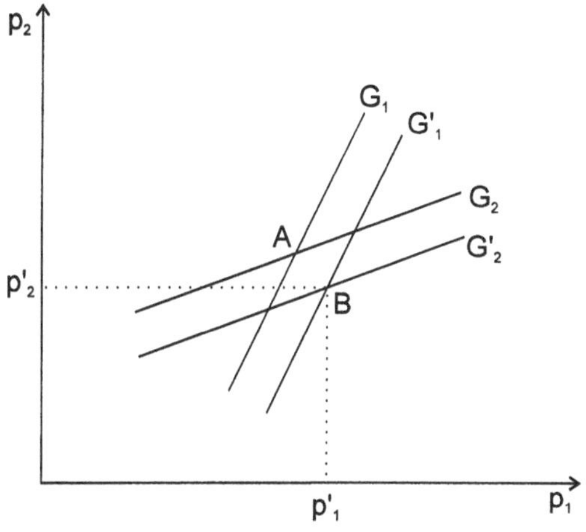

Abb. 4.2: Konsequenzen eines erwarteten technischen Fortschritts im zweiten Sektor für die realen Wechselkurse

Diese Überschußnachfrage kann wie folgt abgebaut werden. Bei einem gegebenen relativen Preis der nicht gehandelten Güter in der ersten Periode müßte p_2 fallen. Dies würde über den intertemporalen Substitutionseffekt verbunden mit einem Vermögensrückgang eine Verlagerung des realen Konsums von der Gegenwart in die Zukunft nach sich ziehen und damit auch das Ungleichgewicht in Periode 1 beseitigen.

Bei einem konstanten p_2 müßte die Überschußnachfrage über Preiserhöhungen in Periode 1 abgebaut werden. Hier würden mehrere Transmissionsmechanismen ein neues Gleichgewicht herstellen. Die relative Verteuerung der nicht gehandelten Güter löst erstens eine Angebotsausweitung aus. Zweitens würde ein intertemporaler Substitutionseffekt den realen Konsum in der Gegenwart reduzieren, und drittens würde bei einem gegebenen realen Konsumniveau in der Gegenwart der intratemporale Substitutionseffekt die Nachfrage nach dem zweiten Gut senken. In der Abbildung kommen die beschriebenen Wirkungen in einer Rechtsverschiebung der G_1-Kurve zum Ausdruck.

Auf dem Markt für nicht gehandelte Güter in der zweiten Periode zieht der technische Fortschritt ein Überschußangebot nach sich, da die Angebotserhöhung stärker ausfällt als die vermögensbedingte Nachfragezunahme.[11] Bei einem konstanten Relativpreis in der ersten Periode ließe sich dieses Ungleichgewicht mit einer realen Abwertung in Periode 2 beseitigen. Auch hier würde über drei Kanäle ein neues Gleichgewicht erreicht. Die reale Abwertung beinhaltet einen Ressourcentransfer vom zweiten in den ersten Sektor und reduziert mithin das Angebot. Desweiteren wird über die Senkung des realen Diskontfaktors R_H, die gleichbedeutend mit einer Erhöhung des Realzinssatzes ist, eine Substitution von Gegenwarts- durch Zukunftskonsum ausgelöst. Schließlich würde bei einem gegebenen Niveau des realen Zukunftskonsums eine intratemporale Substitution von Konsum des ersten durch den Konsum des zweiten Gutes erfolgen.

Analog kann bei einem gegebenen Relativpreis p_2 argumentiert werden. Die Preiserhöhung in Periode 1, die dann erforderlich wäre, würde allerdings nur nachfrageseitig über den intertemporalen Substitutionseffekt das Überschußangebot für nicht gehandelte Güter beseitigen. Die G_2-Kurve wird somit nach rechts verschoben.

Die exakten Konsequenzen des technischen Fortschritts für die relativen Preise ergeben sich aus der Lösung des Gleichungssystems (4.49) und (4.50).

$$\hat{p}_1 = \beta_2\gamma \frac{(1-\beta_2)\phi + \varepsilon_{22} - \sigma(1+\varepsilon_{22} - \beta_2)}{\Delta} \hat{A}_{22} \tag{4.51}$$

Als gleichgewichtige Preisänderung in der zweiten Periode ergibt sich:

---

11 In Gleichung (4.50) ist $1+\varepsilon_{22}$ größer als $\beta_2\gamma$.

$$\hat{p}_2 = -\frac{\left[(1-\beta_1)\phi + \varepsilon_{21}\right]\left(1+\varepsilon_{22}-\beta_2\gamma\right) + \sigma\gamma\beta_1\left(1+\varepsilon_{22}-\beta_2\right)}{\Delta}\hat{A}_{22} \tag{4.52}$$

$$\text{mit } \Delta = \left[(1-\beta_1)\phi + \varepsilon_{21}\right]\left[(1-\beta_2)\phi + (1-\gamma)\sigma\beta_2 + \varepsilon_{22}\right] + \gamma\sigma\beta_1\left[(1-\beta_2)\phi + \varepsilon_{22}\right]$$

Der relative Preis des nicht gehandelten Gutes wird in der zweiten Periode fallen, da sämtliche Klammerausdrücke des Zählers in (4.52) positiv sind. Die Preisänderung in Periode 1 ist nicht eindeutig. Während die beiden ersten Terme im Zähler von (4.51) positiv sind, ist der dritte Summand negativ. p_1 wird dann steigen, wenn die intertemporale Substitutionselastizität folgende Bedingung erfüllt:

$$\sigma < \frac{(1-\beta_2)\phi + \varepsilon_{22}}{1-\beta_2+\varepsilon_{22}}$$

Dieses Ergebnis kann wie folgt interpretiert werden. Das Überschußangebot in der zweiten Periode wird auf jeden Fall durch eine Senkung des relativen Preises p_2 abgebaut. Die Erwartung dieser realen Abwertung verbilligt den Zukunftskonsum und vermindert damit die Nachfrage nach Konsum in der Gegenwart. Die Stärke dieses Effekts wird maßgeblich von der intertemporalen Substitutionselastizität bestimmt.[12] Nimmt diese relativ geringe Werte an, so wird die Senkung des realen Gegenwartskonsums verhältnismäßig unbedeutend ausfallen, so daß insgesamt auf dem Markt für nicht gehandelte Güter in der ersten Periode ein Nachfrageüberschuß verbleibt, der eine zusätzliche Erhöhung von p_1 erfordert. Bei hohen Werten der intertemporalen Substitutionselastizität würde die reale Abwertung in der Zukunft einen sehr starken Rückgang des realen Gegenwartskonsums nach sich ziehen, der auf dem Markt für Güter des zweiten Sektors den anfänglichen Nachfrageüberschuß in ein Überschußangebot verwandeln kann und dann eine reale Abwertung in der Gegenwart erfordert, um das intertemporale Gleichgewicht wiederherzustellen.

Im folgenden wird wieder vereinfachend davon ausgegangen, daß in der Ausgangssituation die Ausgabenanteile für den Konsum des zweiten Gutes in beiden Perioden gleich groß waren (β_1=β_2=β). Dies impliziert, daß die intratemporalen Nachfrageelastizitäten beider Perioden übereinstimmen, so daß das Vorzeichen der Änderung des realen Diskont-

---

[12] Wie aus den Gleichungen (4.49) und (4.50) hervorgeht, spielen hier noch zwei weitere Größen eine Rolle: β_2, das den Einfluß einer Erhöhung des Preises p_2 auf das Preisniveau der zweiten Periode angibt und damit die Kosten des realen Zukunftskonsums bestimmt, sowie γ, das die kompensierte Elastizität des realen Gegenwartskonsums auf reale Diskontfaktoränderungen beeinflußt, vgl. Gleichung (3.80).

faktors dem der Differenz der Änderungsraten der relativen Preise entspricht.

$$\hat{p}_2 - \hat{p}_1 = -\frac{\left[(1-\beta)\phi + \beta\gamma + \varepsilon_{21}\right]\varepsilon_{22} + (1-\beta)\phi + (1-\beta\gamma)\varepsilon_{21}}{\Delta'}\hat{A}_{22} \tag{4.53}$$

mit $\Delta' = \left[(1-\beta)\phi + \varepsilon_{21}\right]\left[(1-\beta)\phi + (1-\gamma)\sigma\beta + \varepsilon_{22}\right] + \gamma\sigma\beta\left[(1-\beta)\phi + \varepsilon_{22}\right]$

Da alle Klammerausdrücke positiv sind, kommt es unter dieser Prämisse zu einem eindeutigen Rückgang des realen Diskontfaktors bzw. zu einer Realzinserhöhung.

4.2.3 Leistungsbilanzwirkungen des erwarteten technischen Fortschritts

Mit den gleichgewichtigen Preisänderungen beider Perioden lassen sich die Änderungen des Einkommens, der Konsum- und der Investitionsausgaben der ersten Periode und damit auch des Leistungsbilanzsaldos bestimmen.

Die Änderung des Einkommens in Periode 1 wird in Gleichung (4.54) angegeben. Da der technische Fortschritt nur in der Zukunft stattfindet und per se nicht den optimalen Faktoreinsatz verändert, spielt für die Einkommensentwicklung der Gegenwart nur die Änderung des relativen Preises p_1 eine Rolle, die in Gleichung (4.51) bestimmt wurde.

$$\frac{dY_1}{W} = \beta(1-\gamma)\hat{p}_1 \tag{4.54}$$

Y_1 wird mithin steigen, wenn

$$\sigma < \frac{(1-\beta)\phi + \varepsilon_{22}}{1-\beta+\varepsilon_{22}} \tag{4.55}$$

gilt.

Die Reaktion der Konsumausgaben auf den technischen Fortschritt wird durch

$$\frac{dE_1}{W} = (1-\gamma)\beta\left[(1-\gamma\sigma)\hat{p}_1 + \gamma\sigma\hat{p}_2 + \gamma\hat{A}_{22}\right] \tag{4.56}$$

angegeben. Nach Einsetzen der Gleichgewichtswerte für die relativen Preise beider Perioden ergibt sich:

$$\frac{dE_1}{W} = (1-\gamma)\beta\gamma \frac{\left[(1-\beta)(\phi-\sigma)+\varepsilon_{22}(1-\sigma)\right]\left[\beta+(1-\beta)\phi+\varepsilon_{22}\right]}{\Delta'}\hat{A}_{22} \qquad (4.57)$$

Das Vorzeichen der Konsumausgabenänderung in der ersten Periode wird von dem ersten Faktor im Zähler von (4.57) determiniert. Die Ausgaben für den Konsum in der Gegenwart werden steigen, wenn

$$\sigma < \frac{(1-\beta)\phi+\varepsilon_{22}}{1-\beta+\varepsilon_{22}}$$

gilt. Dies ist aber genau die gleiche Bedingung, die für eine reale Aufwertung in der Gegenwart erforderlich ist. Eine mögliche reale Aufwertung (Abwertung) in Periode 1 wird somit sowohl das Einkommen als auch die Ausgaben für den Konsum in dieser Periode steigen (sinken) lassen. Zu prüfen ist deshalb, ob hieraus dennoch eine eindeutige Aussage über die Ersparnisänderung zu treffen ist.

$$\frac{dS_1}{W} = \frac{dY_1}{W} - \frac{dE_1}{W} = (1-\gamma)\gamma\beta\left\{\sigma\left[\hat{p}_1-\hat{p}_2\right]-\hat{A}_{22}\right\} \qquad (4.58)$$

Setzt man die Gleichgewichtswerte in (4.58) ein, so ergibt sich:

$$\frac{dS_1}{W} = \frac{(1-\gamma)\beta\gamma}{\Delta'}\left[(1-\beta)\phi+\varepsilon_{21}\right]\left[\sigma(1-\beta+\varepsilon_{22})-(1-\beta)\phi-\varepsilon_{22}\right]\hat{A}_{22} \qquad (4.59)$$

Die Reaktion der Ersparnis wird maßgeblich von dem dritten Faktor in Gleichung (4.59) bestimmt.

$$dS \overset{>}{\underset{<}{=}} 0\text{, wenn } \sigma \overset{>}{\underset{<}{=}} \frac{(1-\beta)\phi+\varepsilon_{22}}{1-\beta+\varepsilon_{22}} \qquad (4.60)$$

Da der kritische Wert für die intertemporale Substitutionselastizität mit dem in (4.55) ermittelten übereinstimmt, ergibt sich somit ein Anstieg der Ersparnis, wenn der relative Preis des nicht gehandelten Gutes in der Gegenwart fällt. Bei Cobb-Douglas-Teilnutzenfunktionen wird die gesamtwirtschaftliche Ersparnis genau dann steigen (fallen), wenn die intertemporale Substitutionselastizität größer (kleiner) ist als Eins.

Wie bereits am Anfang dieses Abschnitts herausgearbeitet wurde, werden die Investitionsausgaben von zwei Faktoren beeinflußt:[13] dem Produktivi-

[13] Siehe Gleichung (4.40) und die dort getroffenen Aussagen.

tätsparameter A_{22} und der sich hieraus ergebenden Anpassung des relativen Preises in der zweiten Periode.

$$\frac{dZ}{W} = \frac{Z}{W}\left(\varepsilon_{Z2}\hat{p}_2 + \varepsilon_{ZA22}\hat{A}_{22}\right)$$

Da identische prozentuale Änderungen des relativen Preises p_2 und des Parameters A_{22} gleiche Wirkungen auf die Investitionsnachfrage haben, stimmen die Elastizitäten ε_{Z2} und ε_{A22} überein. Die Begründung verläuft analog zu derjenigen, die weiter oben in diesem Abschnitt vorgenommen wurde. Eine Erhöhung des relativen Preises hat die gleichen Wirkungen auf die sektoralen Arbeitseinsätze und Kapitalintensitäten wie eine gleich starke Produktivitätsverbesserung. Damit ist aber auch die Entwicklung des für die Investitionen relevanten Wertgrenzprodukts des Kapitals in beiden Fällen identisch.[14] Folglich gilt:

$$\frac{dZ}{W} = \frac{Z}{W}\varepsilon_{Z2}\left(\hat{p}_2 + \hat{A}_{22}\right) \tag{4.61}$$

Da eine Änderung des Effizienzparameters entgegengesetzte Preisänderungen in Periode 2 nach sich zieht, kann a priori keine Aussage über die Entwicklung der gesamtwirtschaftlichen Investition getroffen werden. Nach Einsetzen der Gleichung (4.52) folgt:

$$\frac{dZ}{W} = \frac{Z}{W}\frac{\varepsilon_{Z2}}{\Delta'}\left\{(1-\beta)(\phi-1)\left[(1-\beta)\phi+\gamma\sigma\beta+\varepsilon_{21}\right]+\left[(1-\beta)\phi+\varepsilon_{21}\right]\left[(1-\gamma)\beta(\sigma-1)\right]\right\}\hat{A}_{22} \tag{4.62}$$

Wie Gleichung (4.62) erkennen läßt, hängt die Änderung der Investitionsnachfrage von einer Reihe von Elastizitätsausdrücken ab, die keine eindeutigen Ergebnisse liefern. Stellt man auf die Substitutionselastizitäten ab, so können aus dem obigen Ausdruck hinreichende Bedingungen abgeleitet werden. Sind sowohl die intertemporale als auch die intratemporale Substitutionselastizität größer als Eins, so werden die gesamtwirtschaftlichen Investitionsausgaben steigen, wenn das zweite Gut relativ kapitalintensiv produziert wird (ε_{Z2} ist positiv). Nehmen beide Elastizitäten kleinere Werte als Eins an, so sinkt in diesem Fall die gesamtwirtschaft-

---

14 Diese Aussage läßt sich auch anhand der Gleichungen (4.35) und (3.36) nachvollziehen, wenn diese - um Elastizitätsausdrücke zu bekommen - mit A_{22}/I bzw. p_2/I erweitert werden. Sind die Elastizitäten für die Investitionen I identisch, so gilt dies natürlich auch für die Elastizitäten der gesamten Investitionskosten Z.

liche Investitionsnachfrage. Umgekehrte Ergebnisse ergeben sich, wenn das zweite Gut relativ arbeitsintensiv produziert wird.

Um genauere Aussagen über die Entwicklung der gesamtwirtschaftlichen Investitionen für den Fall zu erhalten, daß eine Substitutionselastizität größer und die andere kleiner ist als Eins, müßten auch die Ausgabenanteile für den Gegenwarts- und den Zukunftskonsum sowie die Angebotselastizitäten in die Betrachtung einbezogen werden, da diese dann eine Rolle für die Entwicklung der Investitionen und des Leistungsbilanzsaldos spielen. Es wären allerdings eine Reihe von Fallunterscheidungen erforderlich, auf die hier nicht weiter eingegangen wird. Bei den folgenden Ausführungen wird deshalb vereinfachend unterstellt, daß die intratemporale Substitutionselastizität den Wert Eins annimmt, so daß sich (4.62) auf

$$\frac{dZ}{W} = \frac{Z}{W}\frac{\varepsilon_{Z2}}{\Delta'}\left\{\left[(1-\beta)\phi+\varepsilon_{21}\right]\left[(1-\gamma)\beta(\sigma-1)\right]\right\}\hat{A}_{22} \tag{4.63}$$

reduziert. Relevant für die Investitionsnachfrage sind nunmehr ausschließlich die sektoralen Kapitalintensitäten sowie die intertemporale Substitutionselastizität σ. Ist σ größer als Eins, so werden die Investitionsausgaben zunehmen (sinken), wenn ε_{Z2} positiv (negativ) ist, was impliziert, daß Gut 2 das kapitalintensivere (weniger kapitalintensive) Gut ist. Ist die intertemporale Substitutionselastizität jedoch kleiner als Eins, so werden die Investitionen sinken (zunehmen), wenn ε_{Z2} positiv (negativ) ist.

Mit der Vereinfachung einer intratemporalen Substitutionselastizität von Eins läßt sich die Leistungsbilanzentwicklung bestimmen.

$$\frac{db_1}{W} = \frac{dS_1 - dZ}{W} = -\frac{\beta(1-\gamma)(1-\beta+\varepsilon_{21})(\sigma-1)}{\Delta'}\left[\frac{Z}{W}\varepsilon_{Z2} - \gamma(1-\beta+\varepsilon_{22})\right]\hat{A}_{22} \tag{4.64}$$

Die Änderung des Leistungsbilanzsaldos wird von zwei Ausdrücken geprägt: der intertemporalen Substitutionselastizität und dem Wert des Terms in der eckigen Klammer.

Ist das nicht gehandelte Gut arbeitsintensiv, d. h. ist ε_{Z2} negativ, so wird der Klammerausdruck negativ sein. Falls dann die intertemporale Substitutionselastizität kleiner ist als Eins, wird sich die Leistungsbilanz in der Gegenwart verschlechtern. Bei diesen Parameterkonstellationen sinkt die Ersparnis, während die Investitionen steigen, was den Leistungsbilanzsaldo eindeutig vermindert. Nimmt σ größere Werte als Eins an, so wird sich die Leistungsbilanz verbessern, weil in diesem Fall die Ersparnis zunimmt, während die Investitionen sinken.

Wird das nicht gehandelte Gut hingegen kapitalintensiver hergestellt als das gehandelte Gut (ε_{Z2} ist positiv), so werden sich Ersparnis und Investition in die gleiche Richtung bewegen. Wie sich die Leistungsbilanz entwickelt, hängt dann auch von der Elastizität der Investitionsnachfrage auf Preisänderungen des nicht gehandelten Gutes in der zweiten Periode ab. Ist

$$\frac{Z}{W}\varepsilon_{Z2} < \gamma(1-\beta+\varepsilon_{22}),$$

so wird sich eine Leistungsbilanzverschlechterung einstellen, wenn die intertemporale Substitutionselastizität kleiner ist als Eins. Zwar werden die Investitionsausgaben und die Ersparnis sinken, jedoch wird der Rückgang der Investitionen hinter der Abnahme der Ersparnis zurückbleiben. Ist σ größer als Eins, so steigen Investitionen und Ersparnis, wobei hier allerdings die Zunahme der Ersparnis den Investitionsanstieg übertrifft, so daß sich die Leistungsbilanz verbessert.

Gilt jedoch

$$\frac{Z}{W}\varepsilon_{Z2} > \gamma(1-\beta+\varepsilon_{22}),$$

so kehren sich die Ergebnisse um. Eine intertemporale Substitutionselastizität von kleiner (größer) als Eins wird nun zu einer Leistungsbilanzverbesserung (-verschlechterung) führen. Ist σ kleiner (größer) als Eins, so nehmen Investitionen und Ersparnis ab (zu), wobei die Änderung der Investitionen diesmal stärker ausfällt als die der Ersparnis.

4.3 Permanenter technischer Fortschritt

4.3.1 Produktions-, Investitions- und Konsumeffekte

Nachdem bislang die Konsequenzen des technischen Fortschritts analysiert wurden, der nur in einer der beiden Perioden Bestand hatte, werden im folgenden die Konsequenzen eines dauerhaften technischen Fortschritts im zweiten Sektor betrachtet. Dabei wird davon ausgegangen, daß die relative Stärke des technischen Fortschritts in beiden Perioden identisch ist, so daß

$$\hat{A}_{21} = \hat{A}_{22} \equiv \hat{A}_2$$

gilt, während die übrigen Technologieparameter unverändert bleiben. Da die wesentlichen Zusammenhänge bereits in den beiden vorangegangenen Abschnitten ausführlich behandelt wurden, können die Angebots-

und Nachfragewirkungen, die sich im ersten Schritt ergeben, knapp gehalten werden.

Zunächst wird wiederum geprüft, wie sich die Unternehmen an die permanenten Produktivitätsverbesserungen anpassen, wobei von zunächst noch unveränderten Güterpreisen ausgegangen wird. In beiden Perioden wird das Angebot der nicht gehandelten Güter zunehmen, während der Sektor 1 seine Produktion einschränken wird. In den Gleichungen (4.65) bis (4.68) sind die prozentualen Outputeffekte dargestellt.

$$\hat{x}_{11} = \varepsilon_{11}\hat{p}_1 + \varepsilon_{11A2}\hat{A}_2 \tag{4.65}$$

$$\hat{x}_{21} = \varepsilon_{21}\hat{p}_1 + \varepsilon_{21A2}\hat{A}_2 \tag{4.66}$$

$$\hat{x}_{12} = \varepsilon_{12}\hat{p}_2 + \varepsilon_{12A2}\hat{A}_2 \tag{4.67}$$

$$\hat{x}_{22} = \varepsilon_{22}\hat{p}_2 + \varepsilon_{22A2}\hat{A}_2 \tag{4.68}$$

ε_{itA2} sind die Elastizitäten des Outputs in bezug auf den Effizienzparameter A_2, wobei die ε_{2tA2} größer sind als Eins, während die ε_{1tA2} negativ sind. Für die noch folgende Gleichgewichtsanalyse wird wieder von der Tatsache Gebrauch gemacht, daß die Elastizitäten des Outputs des zweiten Gutes in bezug auf den technischen Fortschritt in beiden Perioden um Eins größer sind als die entsprechenden Preiselastizitäten, d. h.

$$\varepsilon_{21A2} = 1 + \varepsilon_{21}$$

$$\varepsilon_{22A2} = 1 + \varepsilon_{22}$$

Die Investitionsnachfrage der Unternehmen wird nur von dem in der Periode 2 stattfindenden technischen Fortschritt beeinflußt, wobei es von den sektoralen Kapitalintensitäten abhängt, wie sich die Investitionen ändern. Ist der zweite Sektor relativ kapitalintensiv (arbeitsintensiv), so kommt es zu einer erhöhten (verminderten) Investitionstätigkeit in der ersten Periode, da das Wertgrenzprodukt des Kapitals in der zweiten Periode steigt und damit einen höheren (niedrigeren) gesamtwirtschaftlichen Kapitaleinsatz profitabel macht.

Das Vermögen der Volkswirtschaft wird um die Summe aus (4.12) und (4.44) steigen, aber nur unterproportional zu der permanenten Produktivitätsverbesserung.

$$\frac{dW}{dA_2}\frac{A_2}{W} = \frac{p_1 x_{21} + R p_2 x_{22}}{W} = \alpha_{21} + \alpha_{22} = \beta_1(1-\gamma) + \beta_2\gamma \tag{4.69}$$

Die von den sektoralen Produktivitätsverbesserungen induzierte Änderung des Vermögens wird zu einer Revision der Konsumentscheidungen der Haushalte führen. Die Haushalte werden bei ihren intertemporalen Planungen den zukünftig erwarteten Fortschritt korrekt antizipieren. Die Änderungen der Güternachfrage lauten:

$$\hat{c}_{11} = (\beta_1\phi - \beta_1\gamma\sigma)\hat{p}_1 + \gamma\sigma\beta_2\hat{p}_2 + [\beta_1(1-\gamma) + \beta_2\gamma]\hat{A}_2 \tag{4.70}$$

$$\hat{c}_{21} = -[(1-\beta_1)\phi + \gamma\sigma\beta_1]\hat{p}_1 + \gamma\sigma\beta_2\hat{p}_2 + [\beta_1(1-\gamma) + \beta_2\gamma]\hat{A}_2 \tag{4.71}$$

$$\hat{c}_{12} = (1-\gamma)\sigma\beta_1\hat{p}_1 + [\beta_2\phi - \beta_2(1-\gamma)\sigma]\hat{p}_2 + [\beta_1(1-\gamma) + \beta_2\gamma]\hat{A}_2 \tag{4.72}$$

$$\hat{c}_{22} = (1-\gamma)\sigma\beta_1\hat{p}_1 - [(1-\beta_2)\phi + (1-\gamma)\sigma\beta_2]\hat{p}_2 + [\beta_1(1-\gamma) + \beta_2\gamma]\hat{A}_2 \tag{4.73}$$

Aufgrund der Annahme homothetischer intratemporaler und intertemporaler Nutzenfunktionen wird bei unveränderten Relativpreisen die Nachfrage proportional zum Vermögensanstieg, aber unterproportional zum Effizienzparameter zunehmen.

4.3.2 Die Entwicklung der realen Wechselkurse

Faßt man die Nachfrage- und Angebotseffekte zusammen, so resultiert in beiden Perioden ein Angebotsüberschuß bei den nicht gehandelten Gütern. Dies ergibt sich aus der Tatsache, daß das Vermögen und aufgrund der angenommenen Vermögenselastizität der Nachfrage von Eins auch die Konsumgüternachfrage unterproportional zum technischen Fortschritt wächst (um $[\beta_1(1-\gamma) + \beta_2\gamma]\hat{A}_2$, wobei sämtliche Anteile positiv und kleiner als Eins sind), während das Angebot überproportional zum Effizienzparameter zunimmt (um $[1 + \varepsilon_{22}]\hat{A}_2$).

Der Markt für nicht gehandelte Güter muß in beiden Perioden geräumt sein, d. h. ausgehend von einem Gleichgewicht müssen die angebotenen und nachgefragten Mengen des nicht gehandelten Gutes in beiden Perioden gleich stark wachsen.

$$\text{G1:}\ -[(1-\beta_1)\phi + \gamma\sigma\beta_1 + \varepsilon_{21}]\hat{p}_1 + [\sigma\gamma\beta_2]\hat{p}_2 = [1 + \varepsilon_{21} - \beta_1(1-\gamma) - \beta_2\gamma]\hat{A}_2 \tag{4.74}$$

$$\text{G2:}\ [(1-\gamma)\sigma\beta_1]\hat{p}_1 - [(1-\beta_2)\phi + \beta_2(1-\gamma)\sigma + \varepsilon_{22}]\hat{p}_2 = [1 + \varepsilon_{22} - \beta_1(1-\gamma) - \beta_2\gamma]\hat{A}_2 \tag{4.75}$$

Mit den Gleichungen (4.74) und (4.75) lassen sich in der Abbildung 4.3 die Konsequenzen des permanenten technischen Fortschritts für die Lage der Gleichgewichtskurven herleiten. In der ersten Periode kann das Überschußangebot durch Preisänderungen in der ersten und/oder der zweiten Periode beseitigt werden. Bei einem gegebenen realen Wechselkurs in der ersten Periode wäre eine reale Aufwertung in Periode 2 erforderlich, um über intertemporale Substitutionsvorgänge den realen Konsum in der Gegenwart zu erhöhen. Alternativ kann das Ungleichgewicht über eine reale Abwertung in Periode 1 bei konstantem p_2 beseitigt werden. In diesem Fall sinkt das Angebot des nicht gehandelten Gutes. Ferner wird die Nachfrage aufgrund intratemporaler und intertemporaler Substitutionseffekte zurückgehen. Die G_1-Kurve wird folglich nach links verschoben.

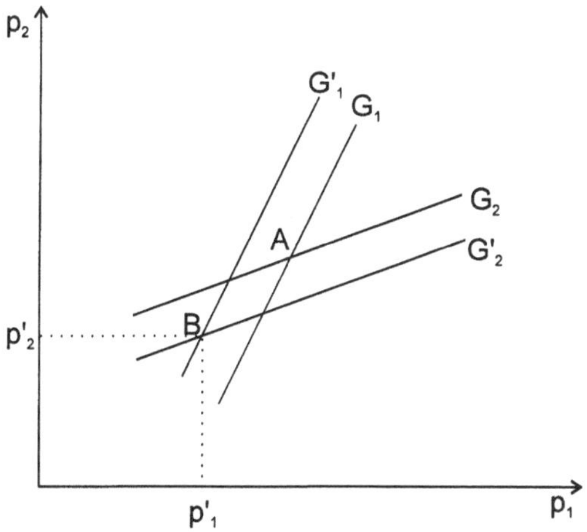

Abb. 4.3: Konsequenzen eines permanenten technischen Fortschritts im zweiten Sektor für die realen Wechselkurse

Das eintretende Überschußangebot an nicht gehandelten Gütern in Periode 2 erfordert bei gegebenem p_2 eine reale Aufwertung in der ersten Periode, die über den intertemporalen Substitutionseffekt die reale Konsumnachfrage in der Zukunft steigen läßt. Wird der relative Preis in der ersten Periode konstant gehalten, so müßte p_2 fallen. Dadurch würde das Angebot des zweiten Gutes sinken, während aufgrund von intertemporalen und intratemporalen Substitutionseffekten die Nachfrage nach

Gütern des zweiten Sektors zunehmen würde. Hieraus ergibt sich eine Verlagerung der G_2-Kurve nach rechts bzw. unten.

Die aus der Abbildung zu erkennende reale Abwertung in beiden Perioden (Punkt B) wird durch die formale Analyse bestätigt, wenn das Gleichungssystem (4.74) und (4.75) nach den Preisänderungen aufgelöst wird.

$$\begin{aligned}\hat{p}_1 = -\frac{1}{\Delta}\{&\sigma\gamma\beta_2[1+\varepsilon_{22}-\beta_1(1-\gamma)-\beta_2\gamma]\\ &+[(1-\beta_2)\phi+\beta_2(1-\gamma)\sigma+\varepsilon_{22}][1+\varepsilon_{21}-\beta_1(1-\gamma)-\beta_2\gamma]\}\hat{A}_2\end{aligned} \tag{4.76}$$

$$\begin{aligned}\hat{p}_2 = -\frac{1}{\Delta}\{&[(1-\beta_1)\phi+\gamma\sigma\beta_1+\varepsilon_{22}][1+\varepsilon_{22}-\beta_1(1-\gamma)-\beta_2\gamma]\\ &+(1-\gamma)\sigma\beta_1[1+\varepsilon_{21}-\beta_1(1-\gamma)-\beta_2\gamma]\}\hat{A}_2\end{aligned} \tag{4.77}$$

mit $\Delta = [(1-\beta_1)\phi+\varepsilon_{21}][(1-\beta_2)\phi+(1-\gamma)\sigma\beta_2+\varepsilon_{22}]+\gamma\sigma\beta_1[(1-\beta_2)\phi+\varepsilon_{22}]$

Sowohl $\hat{p}_1$ als auch $\hat{p}_2$ sind negativ, da sämtliche Klammerausdrücke in den beiden Gleichungen positiv sind. Daß die relativen Preise in beiden Perioden fallen müssen, ergibt sich aus folgender Überlegung. Eine Preissenkung des zweiten Gutes in der Gegenwart würde über eine Angebotsverknappung und eine Nachfragesenkung, die über intratemporale und intertemporale Substitutionseffekte wirkt, das Überschußangebot abbauen. In der zweiten Periode würde eine Senkung von p_1 über den intertemporalen Substitutionseffekt das Überschußangebot verstärken. Dieses wird folglich nur über eine Senkung des relativen Preises auch in der Zukunft beseitigt werden können. Wenn die relativen Preise in beiden Perioden fallen, werden die Ungleichgewichte primär über Angebots- und intratemporale Substitutionsprozesse abgebaut.

Zur Bestimmung der Entwicklung des realen Diskontfaktors wird wieder die vereinfachende Annahme getroffen, daß die intratemporalen Ausgabenanteile in beiden Perioden übereinstimmen. Es gilt dann:

$$\hat{p}_2 - \hat{p}_1 = \frac{(1-\beta)(\phi-1)(\varepsilon_{21}-\varepsilon_{22})}{\Delta'}\hat{A}_2 \tag{4.78}$$

mit $\Delta' = [(1-\beta)\phi+\varepsilon_{21}][(1-\beta)\phi+(1-\gamma)\sigma\beta+\varepsilon_{22}]+\gamma\sigma\beta[(1-\beta)\phi+\varepsilon_{22}]$

Der reale Diskontfaktor wird dann ausschließlich von den Angebotselastizitäten in beiden Perioden und der intratemporalen Substitutionselastizität bestimmt. Reagiert das Angebot des zweiten Gutes in Periode 2 elastischer als in Periode 1, so wird der reale Diskontfaktor steigen (fallen), wenn die intratemporale Substitutionselastizität kleiner (größer) als Eins ist. Sind die Angebotselastizitäten identisch, so ändert sich der reale Diskontfaktor nicht. Gleiches gilt, falls die intratemporale Nutzenfunktion vom Cobb-Douglas-Typ ist.

4.3.3 Leistungsbilanzwirkungen des permanenten technischen Fortschritts

Im folgenden können mit den hergeleiteten gleichgewichtigen Änderungen der relativen Preise in beiden Perioden Aussagen über die Entwicklung der gesamtwirtschaftlichen Aggregate Einkommen, Konsum und Investitionsausgaben in der ersten Periode getroffen werden, um hieraus die Leistungsbilanzentwicklung abzuleiten.

$$b_1 = Y_1(p_1, A_2) - P_1(p_1)C_1(R_H, W_r) - Z(p_2, A_2) \tag{4.79}$$

Als Einkommensänderung in Periode 1 ergibt sich:

$$\frac{dY_1}{W} = \beta(1-\gamma)(\hat{p}_1 + \hat{A}_2) \tag{4.80}$$

Das Einkommen der Gegenwart wird analog zu der Argumentation in Abschnitt 4.1.3 von zwei Faktoren unterschiedlich beeinflußt. Während der technische Fortschritt (zumindest der Teil, der in der ersten Periode stattfindet) das Einkommen erhöht, wird der sinkende relative Preis des zweiten Gutes das Einkommen senken. Unter der Prämisse, daß die β_t übereinstimmen, gilt nach Einsetzen der Gleichung (4.76):

$$\frac{dY_1}{W} = \beta(1-\gamma)(1-\beta)(\phi-1)\frac{[(1-\beta)\phi + \beta\sigma + \varepsilon_{22}]}{\Delta'}\hat{A}_2 \tag{4.81}$$

Ob das Einkommen der Gegenwart zu- oder abnimmt, wird hiernach allein von der intratemporalen Substitutionselastizität ϕ bestimmt. Nimmt diese größere (kleinere) Werte als Eins an, so wird Y_1 steigen (fallen).

Auf die Konsumausgaben in der Gegenwart hat der technische Fortschritt einen positiven Einfluß, da er bei gegebenen Güterpreisen das Vermögen der Volkswirtschaft erhöht. Daneben werden die Ausgaben auch von der Entwicklung des realen Diskontfaktors beeinflußt.

$$\frac{dE_1}{W} = (1-\gamma)\beta\left[(1-\gamma\sigma)\hat{p}_1 + \gamma\sigma\hat{p}_2 + \hat{A}_2\right] = (1-\gamma)\beta\left[\hat{p}_1 + \hat{A}_2 + \gamma\sigma(\hat{p}_2 - \hat{p}_1)\right] \tag{4.82}$$

Die ersten beiden Terme in (4.82) stimmen mit denen überein, die auch die Einkommensentwicklung in Gleichung (4.80) bestimmen, so daß die Faktoren, die zu einem Einkommensanstieg in der Gegenwart führen (ϕ-1>0), tendenziell auch die Konsumausgaben dieser Periode steigen lassen. Ob es aber tatsächlich hierzu kommt, wird auch von den beiden Angebotselastizitäten abhängen, die den realen Diskontfaktor beeinflussen. Konkret ergibt sich nach Einsetzen der Gleichgewichtswerte für die relativen Preise beider Perioden:

$$\frac{dE_1}{W} = (1-\gamma)\beta(1-\beta)(\phi-1)\frac{\left[(1-\beta)\phi + \beta\sigma + (1-\gamma\sigma)\varepsilon_{22} + \gamma\sigma\varepsilon_{21}\right]}{\Delta'}\hat{A}_2 \tag{4.83}$$

Hinreichend für eine Erhöhung der Konsumausgaben ist eine intratemporale Substitutionselastizität, die größer ist als Eins, sowie eine im Vergleich zur zweiten Periode höhere Preiselastizität des Angebots für das zweite Gut in der Gegenwart. Ist hingegen $\varepsilon_{21}<\varepsilon_{22}$, so muß für einen Anstieg von E_1 die intertemporale Substitutionselastizität oder der Anteil der Konsumausgaben in Periode 2 an den gesamten Konsumsausgaben (γ) hinreichend gering sein, damit der Zähler in (4.83) positiv bleibt.

Die Ersparnis ist bei einem permanenten technischen Fortschritt nur vom realen Diskontfaktor abhängig, da der Produktivitätsparameter A_2 Einkommen und Konsumausgaben in der ersten Periode gleich stark ändert.

$$\frac{dS_1}{W} = \frac{dY_1}{W} - \frac{dE_1}{W} = (1-\gamma)\beta\gamma\sigma\left[\hat{p}_1 - \hat{p}_2\right] \tag{4.84}$$

Einsetzen der Gleichgewichtswerte für die Änderung der relativen Preise führt zu:

$$\frac{dS_1}{W} = \frac{(1-\gamma)\beta\gamma\sigma(1-\beta)(\phi-1)(\varepsilon_{22}-\varepsilon_{21})}{\Delta'}\hat{A}_2 \tag{4.85}$$

Somit gilt:

$$dS \overset{>}{\underset{<}{=}} 0\text{, wenn } (\phi-1)(\varepsilon_{22}-\varepsilon_{21}) \overset{>}{\underset{<}{=}} 0 \tag{4.86}$$

Die Ersparnis in Periode 1 wird zunehmen, wenn die intratemporale Substitutionselastizität größer (kleiner) ist als Eins und die Preiselastizität des Angebots des zweiten Gutes in Periode 2 größer (kleiner) ist als in Periode 1. Stimmen die Angebotselastizitäten in beiden Perioden überein, oder ist ϕ gleich Eins, so ändert sich die Ersparnis in der Gegenwart nicht.

Die Investitionen reagieren sowohl auf die Effizienzverbesserung im zweiten Sektor in Periode 2 als auch auf die Veränderung des relativen Preises in der Zukunft.

$$\frac{dZ}{W}=\frac{Z}{W}\varepsilon_{Z2}\left(\hat{p}_2+\hat{A}_2\right) \tag{4.87}$$

Setzt man den Gleichgewichtswert für $\hat{p}_2$ ein, so folgt:

$$\frac{dZ}{W}=\frac{Z}{W}\frac{\varepsilon_{Z2}}{\Delta'}(1-\beta)(\phi-1)\left[(1-\beta)\phi+\sigma\beta+\varepsilon_{21}\right]\hat{A}_2 \tag{4.88}$$

Für die Reaktion der gesamtwirtschaftlichen Investitionen auf einen permanenten technischen Fortschritt im zweiten Sektor sind hiernach die intratemporale Substitutionselastizität und die Kapitalintensitäten maßgeblich, welche das Vorzeichen von ε_{Z2} determinieren. Produziert der zweite Sektor arbeitsintensiver als der erste (ε_{Z2} ist negativ), so werden die Investitionen dann steigen (fallen), wenn ϕ kleiner (größer) als Eins ist.

Die Leistungsbilanzreaktion ergibt sich als Differenz aus Ersparnis und Investition.

$$\frac{db_1}{W}=\frac{(1-\beta)(\phi-1)}{\Delta'}\left\{(1-\gamma)\beta\gamma\sigma\left(\varepsilon_{22}-\varepsilon_{21}\right)-\frac{Z}{W}\varepsilon_{Z2}\left[(1-\beta)\phi+\sigma\beta+\varepsilon_{21}\right]\right\}\hat{A}_2 \tag{4.89}$$

Das Vorzeichen der Leistungsbilanzänderung hängt erwartungsgemäß von der intratemporalen Substitutionselastizität, den beiden Angebotselastizitäten, sowie der Elastizität der Investitionsnachfrage in bezug auf Relativpreisänderungen in Periode 2 ab.

Ist die intratemporale Substitutionselastizität größer als Eins und gilt außerdem gleichzeitig

$$\frac{Z}{W}\varepsilon_{Z2}<\frac{(1-\gamma)\beta\gamma\sigma\left(\varepsilon_{22}-\varepsilon_{21}\right)}{\left[(1-\beta)\phi+\sigma\beta+\varepsilon_{21}\right]}, \tag{4.90}$$

so tritt eine Verbesserung der Leistungsbilanz ein. Das Vorzeichen des Ausdrucks rechts vom Ungleichheitszeichen hängt nur von der relativen Größe der Angebotselastizitäten in beiden Perioden ab. Stimmen beide Angebotselastizitäten überein, so wird die Leistungsbilanzreaktion allein von der Entwicklung der gesamtwirtschaftlichen Investitionsnachfrage determiniert, da - wie aus (4.86) hervorgeht - die Ersparnis in diesem Fall konstant ist. Ist Gut 2 relativ arbeitsintensiv, so wird sich die Leistungsbilanz verbessern, falls ϕ größer ist als Eins; denn dann ist mit einem

Rückgang der Investitionen zu rechnen. Andernfalls tritt eine Leistungsbilanzverschlechterung ein. Das gleiche Ergebnis tritt auch dann ein, wenn die Angebotselastizität in Periode 2 größer ist als in Periode 1. Zu dem Rückgang der gesamtwirtschaftlichen Investitionen kommt in diesem Fall ein Anstieg der Ersparnis.

Bleibt hingegen die Angebotselastizität in Periode 2 hinter der in der ersten Periode zurück, werden die Ersparnis und die Investitionen sinken. Die exakte Bedingung für eine Verbesserung der Leistungsbilanz wird dann durch (4.90) angegeben.

5 Technischer Fortschritt im Sektor der gehandelten Güter

5.1 Temporärer technischer Fortschritt in Periode 1

5.1.1 Produktions-, Investitions- und Konsumeffekte

Das vorliegende Kapitel beschäftigt sich mit den Auswirkungen eines Hicks-neutralen technischen Fortschritts in dem Sektor, der international gehandelte Güter herstellt.

Ein nur in Periode 1 auftretender temporärer Produktivitätsschock im ersten Sektor äußert sich in einer Erhöhung des Parameters A_{11} bei Konstanz aller übrigen Technologieparameter. Zunächst wird untersucht, wie die Unternehmen auf die Effizienzverbesserung in der Gegenwart reagieren. Dabei wird davon ausgegangen, daß die Güterpreise noch unverändert sind. Das System der Gleichgewichtsbedingungen (3.1) bis (3.4), (3.6), (3.7) sowie (3.20) bis (3.26) wird hierzu nach den 13 für den Unternehmenssektor endogenen Variablen $k_{11}, k_{21}, L_{11}, L_{21}, I, k_{12}, k_{22}, L_{12}, L_{22}, x_{11}, x_{21}, x_{12}, x_{22}$ und nach A_{11} total differenziert und für die Änderungen der endogenen Variablen gelöst.

Hieraus ergeben sich in der ersten Periode folgende Produktionsänderungen bei beiden Gütern:[1]

$$\frac{dx_{11}}{dA_{11}} = -\frac{L_{11}\left(f_{11} - f_{11}'k_{11} + f_{11}'k_{21}\right)^2}{\left(k_{11} - k_{21}\right)^2 f_{11}''} + L_{11}f_{11} - \frac{f_{11}^2 L_{21}}{\left(k_{11} - k_{21}\right)^2 p_1 f_{21}''} > 0 \qquad (5.1)$$

$$\frac{dx_{21}}{dA_{11}} = \frac{L_{21}f_{11}\left(f_{21} - f_{21}'k_{21} + f_{21}'k_{11}\right)}{\left(k_{11} - k_{21}\right)^2 p_1 f_{21}''} + \frac{L_{11}f_{21}\left(f_{11} - f_{11}'k_{11} + f_{11}'k_{21}\right)}{\left(k_{11} - k_{21}\right)^2 f_{11}''} < 0 \qquad (5.2)$$

Produktivitätsverbesserungen im ersten Sektor führen zu einer Expansion dieses Sektors zulasten des anderen Sektors. Der Hicks-neutrale technische Fortschritt im ersten Sektor erhöht hier die Grenzprodukte der Faktoren bzw. senkt die Stückkosten des ersten Gutes. Bei noch unveränderten Güterpreisen wird dies zu einer Produktionsausweitung führen, die die relativen Stückkosten des ersten Gutes wieder erhöht, bis sie dem

---

[1] Auch hier wird wiederum vereinfachend davon ausgegangen, daß die Technologieparameter anfänglich den Wert Eins hatten, so daß absolute Änderungen des Parameters relativen Änderungen entsprechen.

Güterpreis entsprechen. Bei Vollbeschäftigung der Produktionsfaktoren in Periode 1 wird dies einen Abzug von Produktionsfaktoren aus dem zweiten Sektor mit sich bringen.

Für die Reaktion der Investitionsnachfrage und der Güterangebote in der zweiten Periode nach der Produktivitätsänderung gilt:

$$\frac{dI}{dA_{11}} = 0 \tag{5.3}$$

$$\frac{dx_{12}}{dA_{11}} = 0 \tag{5.4}$$

$$\frac{dx_{22}}{dA_{11}} = 0 \tag{5.5}$$

Die Investitionsnachfrage bleibt von technologischen Veränderungen in der ersten Periode unberührt, da sich die für die Investitionsentscheidungen relevanten Größen Investitionskosten, Zins und Wertgrenzprodukte des Kapitals in der zweiten Periode nicht ändern. Aus diesem Grund gibt es auch keine Veranlassung für die Unternehmen, ihre Produktionsentscheidungen für die zweite Periode zu revidieren. Die Güterangebotsfunktionen in Periode 2 ändern sich bei gegebenen Güterpreisen folglich nicht. Die mit der Reallokation der Produktionsfaktoren in der Gegenwart verbundenen Änderungen der Faktornutzungspreise des Kapitals und der Arbeit werden auch keine Änderung des Kapitalstocks in der Gegenwart mit sich bringen, da dieser das Ergebnis in der Vergangenheit getroffener Investitionsentscheidungen ist, die gemäß den hier getroffenen Annahmen nicht mehr revidierbar sind. Aufgrund der unterstellten intersektoralen Kapitalmobilität ist allerdings eine andere Aufteilung des vorhandenen Kapitals möglich und wird bei einem sektorspezifischen technischen Fortschritt auch vollzogen.

Die Güterangebotsfunktionen für die erste Periode sowie die Investitionsfunktion lauten somit:

$$x_{11} = x_{11}\left(\overset{-}{p_1}, \overset{+}{A_{11}}, \ldots\right) \tag{5.6}$$

$$x_{21} = x_{21}\left(\overset{+}{p_1}, \overset{-}{A_{11}}, \ldots\right) \tag{5.7}$$

$$I = I\left(\overset{?}{p_2}, \overset{0}{A_{11}}, \ldots\right)^{2} \tag{5.8}$$

Logarithmisches Differenzieren der Angebotsfunktionen der ersten Periode ergibt:

$$\hat{x}_{11} = \varepsilon_{11}\hat{p}_1 + \varepsilon_{1A11}\hat{A}_{11} \tag{5.9}$$

$$\hat{x}_{21} = \varepsilon_{21}\hat{p}_1 + \varepsilon_{2A11}\hat{A}_{11}, \tag{5.10}$$

wobei ε_{iA11} die Elastizität des Outputs des Sektors i in bezug auf den Technologieparameter A_{11} ist. ε_{2A11} ist negativ, während ε_{1A11} größer ist als Eins.[3] Für die nachfolgende Gleichgewichtsanalyse ist die Beziehung zwischen den Elastizitäten ε_{2A11} und ε_{21} von Bedeutung.

Wie aus den Optimalitätsbedingungen (3.20) und (3.21) der ersten Periode hervorgeht, beeinflussen der relative Preis des zweiten Gutes sowie der Effizienzparameter A_{11} die Wertgrenzprodukte der Faktoren Arbeit und Kapital. Diese beiden Bedingungen legen die optimalen Kapitalintensitäten in beiden Sektoren fest. Wie zu erkennen ist, haben eine Hicksneutrale Produktivitätsverbesserung im ersten Sektor und prozentual gleichstarke Preissenkungen beim zweiten Gut identische Effekte auf die optimalen Kapitalintensitäten beider Sektoren. Aus Gleichung (3.25) folgt dann unmittelbar, daß beide Datenänderungen bei gegebenem gesamtwirtschaftlichen Arbeitsangebot auch identische Wirkungen für die Arbeitsnachfrage in beiden Sektoren haben. Da der Output des zweiten Gutes bei Konstanz von A_{21} nur durch die Änderung des Arbeitseinsatzes und der Kapitalintensität des zweiten Sektors bestimmt wird, ergibt sich somit, daß die Outputwirkungen des technischen Fortschritts und einer gleich starken Relativpreissenkung beim zweiten Gut übereinstimmen. Damit sind die Elastizitäten ε_{2A11} und ε_{21} in ihrem absoluten Wert gleich, haben jedoch unterschiedliche Vorzeichen. Es gilt somit:

$$\varepsilon_{2A11} = -\varepsilon_{21}$$

Da die Produktivitätsverbesserungen in der Gegenwart bei konstanten Güterpreisen die Allokationsentscheidungen der Zukunft unberührt lassen,

---

2 Die Reaktion der Investitionen auf eine Änderung von p_2 hängt von dem Verhältnis der Kapitalintensitäten in beiden Sektoren ab. Vgl. Gleichung (3.45) in Kapitel 3.1.

3 Daß der erste Sektor überproportional von der technologischen Neuerung profitiert, ergibt sich, wenn Gleichung (5.1) durch $x_{11}=L_{11}f_{11}$ dividiert wird, um die Elastizität zu erhalten. Der mittlere Summand nimmt dann den Wert Eins an, der erste und dritte Summand sind positiv.

gelten für die relativen Änderungen der Produktion der zweiten Periode nach wie vor die in den Gleichungen (3.43) und (3.44) dargestellten Zusammenhänge.

Die technologischen Verbesserungen erhöhen den Produktionswert in der Gegenwart und somit die Konsummöglichkeiten W der Volkswirtschaft. Dieser Vermögenseffekt läßt sich durch partielle Differentiation der Maximalwertefunktion nach A_{11} ermitteln.

$$\frac{dW}{dA_{11}} = \frac{x_{11}}{A_{11}} > 0 \tag{5.11}$$

Als relative Vermögensänderung folgt:

$$\frac{dW}{dA_{11}} \frac{A_{11}}{W} = \frac{x_{11}}{W} \equiv \alpha_{11} \tag{5.12}$$

Sofern die Volkswirtschaft nicht vollständig auf die Produktion des ersten Gutes in der ersten Periode spezialisiert war, ist α_{11} kleiner als Eins, und der prozentuale Zuwachs des Vermögens fällt geringer aus als der des Effizienzparameters. Die Vermögenseffekte ziehen Nachfrageänderungen nach sich, die nach Einsetzen der Vermögensänderung in die Nachfragegleichungen (3.93) bis (3.96) ermittelt werden können.

$$\hat{c}_{11} = (\beta_1\phi - \beta_1\gamma\sigma)\hat{p}_1 + \gamma\sigma\beta_2\hat{p}_2 + \alpha_{11}\hat{A}_{11} \tag{5.13}$$

$$\hat{c}_{21} = -[(1-\beta_1)\phi + \gamma\sigma\beta_1]\hat{p}_1 + \gamma\sigma\beta_2\hat{p}_2 + \alpha_{11}\hat{A}_{11} \tag{5.14}$$

$$\hat{c}_{12} = (1-\gamma)\sigma\beta_1\hat{p}_1 + [\beta_2\phi - \beta_2(1-\gamma)\sigma]\hat{p}_2 + \alpha_{11}\hat{A}_{11} \tag{5.15}$$

$$\hat{c}_{22} = (1-\gamma)\sigma\beta_1\hat{p}_1 - [(1-\beta_2)\phi + (1-\gamma)\sigma\beta_2]\hat{p}_2 + \alpha_{11}\hat{A}_{11} \tag{5.16}$$

Bei gegebenen realen Wechselkursen und dem konstanten Weltmarktzins gibt es zunächst noch keine Substitutionseffekte, sondern ausschließlich vermögensbedingte Nachfrageänderungen. Aufgrund der angenommenen linear-homogenen intratemporalen und homothetischen intertemporalen Nutzenfunktionen wird die Nachfrage der Haushalte nach allen Gütern proportional zu dem Vermögenszuwachs steigen. Das heißt, daß die Haushalte das zusätzliche Einkommen, welches sie in der Gegenwart beziehen, nur zum Teil für den Konsum in dieser Periode verwenden. Der übrige Teil wird gemäß der marginalen Sparneigung γ gespart und erst in der Zukunft nachfragewirksam.

5.1.2 Die Entwicklung der realen Wechselkurse

In der zweiten Periode existiert nunmehr ein Nachfrageüberschuß nach Gütern beider Sektoren, da es in dieser Periode weder direkte noch über Investitionsänderungen induzierte indirekte Änderungen des Angebots gibt. Während die zusätzliche Nachfrage nach gehandelten Gütern leicht über Importe befriedigt werden kann oder zu einem Rückgang des Exportangebots auf dem Weltgütermarkt führt, ist dies wegen der Nichthandelbarkeit auf dem Markt für Güter des zweiten Sektors nicht möglich, so daß hier Preisanpassungen erfolgen müssen.

In Periode 1 wird die Produktion des ersten Sektors erhöht, die des zweiten Sektors geht zurück. Auf dem Markt für gehandelte Güter ergibt sich somit ein Angebotsüberschuß, da das Vermögen und damit die Nachfrage nach Handelsgütern geringer zunimmt als deren Angebot. Auf dem Markt der nicht gehandelten Güter wird ein Nachfrageüberschuß entstehen, der das Resultat einer gestiegenen Nachfrage und eines sinkenden Angebots ist.

Die Gleichgewichtsbedingungen für die Märkte der nicht gehandelten Güter lauten unter Berücksichtigung der durch den technischen Fortschritt hervorgerufenen Angebots- und Nachfragewirkungen:

$$G1: \; -\left[(1-\beta_1)\phi + \gamma\sigma\beta_1 + \varepsilon_{21}\right]\hat{p}_1 + \left[\sigma\gamma\beta_2\right]\hat{p}_2 = \left[-\varepsilon_{21} - \alpha_{11}\right]\hat{A}_{11} \tag{5.17}$$

$$G2: \; \left[(1-\gamma)\sigma\beta_1\right]\hat{p}_1 - \left[(1-\beta_2)\phi + \beta_2(1-\gamma)\sigma + \varepsilon_{22}\right]\hat{p}_2 = -\alpha_{11}\hat{A}_{11} \tag{5.18}$$

Aus (5.17) und (5.18) können die Verschiebungen der Gleichgewichtskurven hergeleitet werden. G_1 wird nach rechts verschoben. Die anfängliche Überschußnachfrage auf dem Markt für nicht gehandelte Güter in der Gegenwart kann bei einem konstanten realen Wechselkurs in der zweiten Periode durch eine reale Aufwertung in Periode 1 abgebaut werden, die das Angebot des zweiten Gutes erhöhen würde und die Nachfrage über intertemporale und intratemporale Substitutionseffekte senken würde. Analog ließe sich die Überschußnachfrage bei gegebenem p_1 auch über eine reale Abwertung in der Zukunft beseitigen, die ausschließlich über den intertemporalen Substitutionseffekt zu einem neuen Gleichgewicht führt.

Der Nachfrageüberschuß beim zweiten Gut in Periode 2 ließe sich durch einen Anstieg des realen Diskontfaktors R_H beseitigen, der eine Substitution von Zukunfts- durch Gegenwartskonsum auslösen würde. R_H wird bei einer realen Abwertung in der ersten ($\hat{p}_1 < 0$) bzw. einer realen Aufwertung in der zweiten Periode ($\hat{p}_2 > 0$) zunehmen. Wird das Ungleichgewicht über eine reale Aufwertung abgebaut, so treten zu der intertemporalen Substitution auch noch der intratemporale Substitutionseffekt sowie eine Erhöhung des Angebots an nicht gehandelten Gütern hinzu. Folglich wird die G_2-Kurve nach links verschoben.

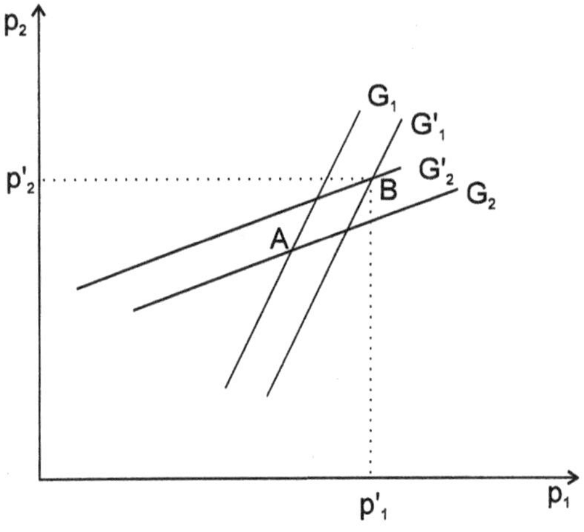

Abb. 5.1: Konsequenzen eines temporären technischen Fortschritts im ersten Sektor für die realen Wechselkurse

Die gleichgewichtigen Preisänderungen erhält man, indem das Gleichungssystem (5.17) und (5.18) nach $\hat{p}_1$ und $\hat{p}_2$ aufgelöst wird.

$$\hat{p}_1 = \frac{\varepsilon_{21}\left[(1-\beta_2)\phi + \beta_2(1-\gamma)\sigma + \varepsilon_{22}\right] + \alpha_{11}\left[(1-\beta_2)\phi + \beta_2\sigma + \varepsilon_{22}\right]}{\Delta}\hat{A}_{11} > 0 \qquad (5.19)$$

$$\hat{p}_2 = \frac{\alpha_{11}\left[(1-\beta_1)\phi + \sigma\beta_1 + \varepsilon_{21}\right] + \varepsilon_{21}\left[(1-\gamma)\sigma\beta_1\right]}{\Delta}\hat{A}_{11} > 0 \qquad (5.20)$$

mit $\Delta = \left[(1-\beta_1)\phi + \varepsilon_{21}\right]\left[(1-\beta_2)\phi + (1-\gamma)\sigma\beta_2 + \varepsilon_{22}\right] + \gamma\sigma\beta_1\left[(1-\beta_2)\phi + \varepsilon_{22}\right]$

Da ε_{21} und α_{11} positiv sind und die Ausdrücke in den eckigen Klammern in (5.19) und (5.20) aus der additiven und multiplikativen Verknüfung positiver Substitutionselastizitäten und Konsumanteile bestehen, werden beide Relativpreise steigen. In der Abbildung 5.1 liegt der neue Gleichgewichtspunkt B rechts oberhalb vom ursprünglichen Gleichgewicht A.

Zu prüfen ist, ob eine Aussage über das Verhältnis der beiden Relativpreiserhöhungen getroffen werden kann. Hierzu ist ein Vergleich der beiden Preissteigerungsraten vorzunehmen. Auch in diesem Kapitel wird dabei vereinfachend unterstellt, daß die intratemporalen Ausgabenanteile beider Güter in der Gegenwart und Zukunft übereinstimmen ($\beta_1=\beta_2=\beta$).

$$\hat{p}_2 - \hat{p}_1 = -\frac{\alpha_{11}(\varepsilon_{22} - \varepsilon_{21}) + \varepsilon_{21}[(1-\beta)\phi + \varepsilon_{22}]}{\Delta'}\hat{A}_{11} \qquad (5.21)$$

mit $\Delta' = [(1-\beta)\phi + \varepsilon_{21}][(1-\beta)\phi + (1-\gamma)\sigma\beta + \varepsilon_{22}] + \gamma\sigma\beta[(1-\beta)\phi + \varepsilon_{22}]$

Die Entwicklung des realen Diskontfaktors ist nicht eindeutig. Eine besondere Bedeutung kommt hierbei den Elastizitäten des Angebots zu. Stimmen die Angebotselastizitäten in beiden Perioden überein, so wird der reale Diskontfaktor sinken. Das gleiche Ergebnis tritt ein, wenn die Angebotselastizität in der Zukunft diejenige in der Gegenwart übersteigt. Dies ist anhand folgender Überlegungen nachzuvollziehen. In beiden Perioden gibt es eine Überschußnachfrage auf dem Markt für nicht gehandelte Güter. Allerdings fällt die Überschußnachfrage in der Gegenwart deutlich stärker aus, da in dieser Periode gleichzeitig das Angebot des zweiten Gutes gesunken ist.[4]

Sind die Ausgabenanteile der beiden Güter in beiden Perioden gleich, so bedeutet dies zugleich, daß die intratemporalen Nachfrageelastizitäten in beiden Perioden identisch sind und daß eine gegebene Preisänderung des zweiten Gutes die Preisniveaus in beiden Perioden (P_1 und P_2) gleich stark (um $\beta\hat{p}_t$) beeinflußt.[5] Fällt die reale Aufwertung in beiden Perioden gleich stark aus, so ist dies nicht mit einem neuen Gleichgewicht kompatibel, wenn die Angebotselastizitäten in beiden Perioden übereinstimmen.

Bei einem prozentual gleichen Preisanstieg in der ersten und der zweiten Periode bleibt der reale Diskontfaktor konstant, so daß intertemporale Substitutionseffekte keine Rolle mehr spielen. Die Ungleichgewichte müssen folglich über intratemporale Angebots- und Substitutionseffekte abgebaut werden. Bei gleichen Angebots- und Nachfrageelastizitäten können aber unterschiedliche quantitative Nachfrageüberhänge nicht mit gleichen Relativpreisänderungen beseitigt werden. Ein neues Gleichgewicht kann nur dann erreicht werden, wenn sich die Angebotselastizi-

---

4 Siehe die Ausdrücke auf der rechten Seite der Gleichungen (5.17) und (5.18). Die rechte Seite in (5.17) ist absolut größer als die in (5.18).

5 Diese Aussagen können anhand der Gleichungen (3.88), (3.89) und (3.90) im dritten Kapitel nachvollzogen werden.

täten unterscheiden, und zwar derart, daß diejenige der ersten Periode größer ist als die der zweiten, da in diesem Fall die quantitativ höhere Überschußnachfrage in der Gegenwart durch eine entsprechend stärkere Angebotsreaktion beseitigt wird. Stimmen die Angebotselastizitäten dagegen überein, so muß der Preisanstieg in der ersten Periode stärker ausfallen als in der zweiten Periode, so daß der reale Diskontfaktor fällt.

Bei sehr hohen Angebotselastizitäten des zweiten Gutes in der Gegenwart bzw. sehr geringen Angebotselastizitäten in der Zukunft kann es im Extremfall auch zu einem Anstieg des realen Diskontfaktors kommen. Wie sich durch einige Umformungen der Gleichung (5.21) ergibt, muß - damit dieser Fall eintritt - die intratemporale Substitutionselastizität ϕ und damit auch die Hickssche Nachfrageelastizität sehr gering ausfallen und zugleich der Anteil des ersten Gutes am Vermögen relativ hoch sein. Bei geringen Preiselastizitäten der Nachfrage des zweiten Gutes in beiden Perioden entscheiden dann die Angebotselastizitäten über die erforderlichen Anpassungen. p_1 muß dann nur relativ wenig steigen, um die Überschußnachfrage zu beseitigen, während in der Zukunft eine deutliche reale Aufwertung erforderlich ist.

5.1.3 Leistungsbilanzwirkungen des temporären technischen Fortschritts

Mit den gleichgewichtigen Preisänderungen läßt sich jetzt die Leistungsbilanzreaktion bestimmen.[6] Dazu wird untersucht, wie sich die gesamtwirtschaftliche Ersparnis und die Investitionen entwickeln. Die Ersparnis ergibt sich aus dem Einkommen abzüglich der Konsumausgaben der ersten Periode. Alle diese Größen sind Funktionen der relativen Preise der nicht gehandelten Güter. Das Einkommen Y_1 hängt zusätzlich von dem Effizienzparameter A_{11} ab.

$$b_1 = Y_1(p_1, A_{11}) - P_1(p_1)C_1(R_H, W_r) - Z(p_2) \tag{5.22}$$

Die Änderung des Einkommens der ersten Periode in Relation zum Vermögen W erfolgt gemäß der Gleichung

$$\frac{dY_1}{W} = \beta(1-\gamma)\hat{p}_1 + \alpha_{11}\hat{A}_{11} \tag{5.23}$$

---

6 Da der Diskontfaktor R unverändert ist, muß sich der Leistungsbilanzsaldo in der Zukunft in die andere Richtung entwickeln. Siehe hierzu Gleichung (3.112).

Auf das in Einheiten des ersten Gutes gemessene Einkommen der ersten Periode wirken somit einerseits Preisänderungen beim zweiten Gut und der technische Fortschritt selbst. Da die Produktivitätsverbesserung den relativen Preis des nicht gehandelten Gutes in der Gegenwart erhöht, wird das Einkommen eindeutig zunehmen, wobei die Stärke von den Anteilen beider Güter am Vermögen abhängt.

Die Reaktion der Konsumausgaben in der ersten Periode kann durch totales Differenzieren der Ausgabenfunktion ermittelt werden.[7]

$$\frac{dE_1}{W} = (1-\gamma)\left[\beta(1-\gamma\sigma)\hat{p}_1 + \beta\gamma\sigma\hat{p}_2 + \alpha_{11}\hat{A}_{11}\right] \tag{5.24}$$

Neben dem technischen Fortschritt, der die Konsumausgaben in Periode 1 ansteigen läßt, werden diese von zwei weiteren Faktoren beeinflußt: der Entwicklung des realen Diskontfaktors und der Preisniveauentwicklung.[8] Steigt p_1 stärker als p_2, so wird der reale Diskontfaktor sinken bzw. der Realzins steigen. Der reale Gegenwartskonsum C_1 wird sinken. Da mit einem zunehmenden relativen Preis des nicht gehandelten Gutes in Periode 1 zugleich auch das Preisniveau in Periode 1 um den Anteil des nicht gehandelten Gutes an den Ausgaben zunimmt, ist es möglich, daß trotz eines zurückgehenden realen Konsums die nominalen Konsumausgaben steigen. Dies wird eintreten, wenn die Hickssche Nachfrageelastizität $\overline{\eta}_{C1R}$ relativ gering ist, was impliziert, daß die intertemporale Substitutionselastizität σ und/oder der Ausgabenanteil des Zukunftskonsums γ kleine Werte annehmen.[9] Der reale Konsum in der Gegenwart sinkt dann nur schwach, so daß aufgrund des Preisniveaueffekts und des durch den technischen Fortschritt induzierten Vermögenseffekts die nominalen Konsumausgaben zunehmen werden. Reagiert hingegen der reale Gegenwartskonsum sehr stark auf eine Diskontfaktorsenkung, was bei hohen Werten für σ und γ der Fall sein wird, so kann es insgesamt zu einer Senkung der nominalen Konsumausgaben E_1 kommen. Dann wird die gesamtwirtschaftliche Ersparnis in der Gegenwart zunehmen.

Da aber eine Zunahme der Konsumausgaben in Periode 1 nicht ausgeschlossen werden kann, ist eine genaue Herleitung der Ersparnisentwicklung vorzunehmen. Die Kombination der beiden Ausdrücke (5.23) und (5.24) ergibt:

---

7 Die genaue Herleitung wurde bereits in Kapitel 3.2 vorgenommen.

8 Siehe hierzu auch die Argumentation in Kapitel 3.2.

9 Siehe hierzu die Definition der Hicksschen Elastizitäten in Gleichung (3.80).

$$\frac{dS_1}{W} = \frac{dY_1}{W} - \frac{dE_1}{W} = (1-\gamma)\gamma\beta\sigma\left[\hat{p}_1 - \hat{p}_2\right] + \gamma\alpha_{11}\hat{A}_{11} \tag{5.25}$$

Nach Einsetzen der gleichgewichtigen Differenz der Preisänderungen aus (5.21) folgt:

$$\frac{dS_1}{W} = \gamma\left[(1-\beta)\phi + \varepsilon_{22}\right]\frac{\alpha_{11}\left[\varepsilon_{21} + (1-\beta)\phi + \sigma\beta\right] + \varepsilon_{21}(1-\gamma)\beta\sigma}{\Delta'}\hat{A}_{11} \tag{5.26}$$

Die Ersparnis in Periode 1 wird somit auf jeden Fall zunehmen. Die Ausdrücke in den eckigen Klammern sind jeweils positiv, gleiches gilt für α_{11} und ε_{21}. Von seiten der Ersparnis geht damit tendenziell eine Leistungsbilanzverbesserung in der Gegenwart aus.

Die Investitionen werden nicht auf einen technischen Fortschritt in der Gegenwart reagieren, sondern hängen nur von der Entwicklung des relativen Preises p_2 ab. Für die Änderung der gesamten Investitionsausgaben Z bezogen auf das anfängliche Vermögen W gilt:

$$\frac{dZ}{W} = \frac{Z}{W}\varepsilon_{Z2}\hat{p}_2 \tag{5.27}$$

Da in der Zukunft eine reale Aufwertung eintritt, hängt die Entwicklung der Investitionen nur noch von ε_{Z2} ab. Wie bereits weiter oben ausgeführt wurde, ist ε_{Z2} positiv (negativ), wenn Gut 2 relativ kapitalintensiv (arbeitsintensiv) hergestellt wird.

Damit ergibt sich auf jeden Fall eine Leistungsbilanzverbesserung, wenn Gut 2 relativ arbeitsintensiv ist, da dann die Investitionen sinken, während die Ersparnis zunimmt. Ist das zweite Gut kapitalintensiv, werden Ersparnis und Investitionen steigen, so daß eine genauere Prüfung der Reaktion des Leistungsbilanzsaldos erfolgen muß.

$$\frac{db_1}{W} = \left\{\gamma\left[(1-\beta)\phi + \varepsilon_{22}\right] - \frac{Z}{W}\varepsilon_{Z2}\right\}\frac{\alpha_{11}\left[\varepsilon_{21} + (1-\beta)\phi + \sigma\beta\right] + \varepsilon_{21}(1-\gamma)\beta\sigma}{\Delta'}\hat{A}_{11} \tag{5.28}$$

Das Vorzeichen der Leistungsbilanzreaktion bestimmt sich nach Maßgabe des Ausdrucks in der geschweiften Klammer.

$$\frac{db_1}{\hat{A}_{11}} \gtreqless 0 \text{, wenn } \gamma\left[(1-\beta)\phi + \varepsilon_{22}\right] \gtreqless \frac{Z}{W}\varepsilon_{Z2}$$

Ist die Preiselastizität der Investitionsausgaben negativ, so ergibt sich auf jeden Fall eine Leistungsbilanzverbesserung in der ersten Periode. Ist hingegen ε_{Z2} positiv (Gut 2 ist relativ kapitalintensiv), so ist die Leistungsbilanzentwicklung nicht eindeutig. Je unelastischer die Investitionen in diesem Fall auf Preisänderungen in Periode 2 reagieren, um so wahrscheinlicher wird eine Leistungsbilanzverbesserung. Gleiches ist zu erwarten bei hohen Angebotselastizitäten des zweiten Gutes, einem hohen Ausgabenanteil für Zukunftskonsum sowie bei hohen absoluten Werten für die kompensierte Nachfrageelastizität des zweiten Gutes $|\bar{\eta}_{2t}| = (1-\beta_t)\phi$.

Hohe Angebots- und Nachfrageelastizitäten bewirken eine relativ starke reale Aufwertung in Periode 1 verglichen zur Periode 2 als Folge des durch den technischen Fortschritt hervorgerufenen Ungleichgewichts. Der reale Diskontfaktor wird somit fallen bzw. der Realzins wird steigen. Je höher nun aber der Ausgabenanteil des Zukunftskonsums an den Gesamtausgaben der Konsumenten ist, um so höher wird bei einer gegebenen intertemporalen Substitutionselastizität die Nachfrageelastizität des Gegenwartskonsums in bezug auf Diskontfaktoränderungen sein. Eine Diskontfaktorsenkung wird den Gegenwartskonsum entsprechend stark senken und damit zur Ersparniserhöhung beitragen. Zugleich wird das Einkommen in Periode 1 um so stärker zunehmen, je höher der Preisanstieg des zweiten Gutes in der Gegenwart ist. Beide Effekte zusammen werden somit zu einer relativ hohen Zunahme der Ersparnis beitragen.

5.2 Erwarteter technischer Fortschritt in Periode 2

5.2.1 Produktions-, Investitions- und Konsumeffekte

Nunmehr sollen die Konsequenzen einer für die Zukunft erwarteten technologischen Verbesserung im ersten Sektor hergeleitet werden, die von Unternehmen und Haushalten korrekt antizipiert wird und die folglich bereits bei den Planungen für beide Perioden berücksichtigt wird.

Zunächst wird geprüft, wie die Unternehmen bei unveränderten Güterpreisen auf den erwarteten technischen Fortschritt reagieren. Totales Differenzieren der Optimalitätsbedingungen (3.20) bis (3.24) sowie der Restriktionen (3.1) bis (3.4), (3.6), (3.7), (3.25) und (3.26) nach den Entscheidungsvariablen der Unternehmen und nach dem Technologieparameter A_{12} sowie Lösen des Gleichungssystems ergibt:

$$\frac{dx_{11}}{dA_{12}} = 0 \qquad (5.29)$$

$$\frac{dx_{21}}{dA_{12}} = 0 \qquad (5.30)$$

Wie zu erwarten ist, haben technologische Änderungen in der Zukunft bei unveränderter sonstiger Datenlage der Unternehmen keinerlei Einfluß auf den heutigen Faktoreinsatz, da sie nicht die gegenwärtigen Grenzproduktivitäten des Kapitals und der Arbeit verändern. Damit wird es auch keine Angebotsreaktionen in der Periode 1 geben. Die relative Änderung der Produktion der ersten Periode folgt somit nach wie vor den in Gleichungen (3.41) und (3.42) dargestellten Zusammenhängen.

Zukünftige Produktivitätsänderungen werden allerdings die Investitionsnachfrage der Unternehmen beeinflussen, sofern sich das Grenzprodukt des Kapitals in Periode 2 verändert.

$$\frac{dI}{dA_{12}} = \frac{K_1 R f_{12}}{(k_{12} - k_{22})g} > 0 \text{ wenn } k_{12} > k_{22} \qquad (5.31)$$

Generell erhöht ein erwarteter technischer Fortschritt in der Zukunft die Grenzprodukte der Faktoren im ersten Sektor und senkt somit die Stückkosten des ersten Gutes. Allerdings führt dies per se nicht zu einer höheren Investition, da für diese die endgültige Entwicklung des Wertgrenzprodukts des Kapitals nach der gewinnmaximalen Aufteilung der Produktionsfaktoren auf beide Sektoren maßgeblich ist. Der Produktivitätsfortschritt wird bei gegebenen Güterpreisen die Produktion im ersten Sektor steigen und im zweiten Sektor fallen lassen, was eine Reallokation der Produktionsfaktoren vom zweiten in den ersten Sektor erfordert.

Für die Entwicklung des Kapitalnutzungspreises der Zukunft, von dem die Investitionsentscheidung bestimmt wird, sind die sektoralen Kapitalintensitäten relevant. Die Abwanderung von Produktionsfaktoren aus dem zweiten Sektor wird das Faktorpreisverhältnis verändern. Ist der erste Sektor verglichen zum zweiten kapitalintensiv, wird sich der Kapitalnutzungspreis relativ zum Lohn erhöhen.[10] Hierdurch werden die Investitionen zunehmen. Die Erhöhung des Kapitalbestands in der Zukunft wird nach dem Rybczynski-Theorem zu einer weiteren Erhöhung der Produktion im ersten Sektor führen, die mit einer Abnahme des Güterangebots im Sektor der nicht gehandelten Güter einhergeht.

---

10 Auf einen formalen Beweis wird hier verzichtet. Dieser kann erbracht werden, wenn das oben genannte Gleichungssystem nach den Schattennutzungspreisen λ_2 und λ_4 gelöst wird.

Ist hingegen Gut 1 das arbeitsintensive Gut, so sinkt das zukünftige Grenzprodukt des Kapitals, so daß die Investitionsnachfrage der Unternehmen zurückgeht. Der im Vergleich zur Ausgangssituation sinkende Kapitalbestand in Periode 2 führt zu einem starken Rückgang der Produktion des (dann kapitalintensiven) nicht gehandelten Gutes, während der erste Sektor weiter expandiert.

Ähnlich zu den in Kapitel 3 diskutierten Preisänderungen sind die Angebotseffekte des technischen Fortschritt damit eindeutig. Bei konstanten Güterpreisen wird die zukünftig erwartete Produktivitätsverbesserung im ersten Sektor zu einer Expansion dieses Sektors zulasten des anderen führen, unabhängig davon, wie die Invesitionsnachfrage reagiert, d. h. aber auch unabhängig von den sektoralen Kapitalintensitäten. Die Gleichungen (5.32) und (5.33) beschreiben diesen Zusammenhang.

$$\frac{dx_{12}}{dA_{12}} = -\frac{L_{12}(f_{12} - f'_{12}k_{12} + f'_{12}k_{22})^2}{(k_{12} - k_{22})^2 f''_{12}} - \frac{f_{12}^2 L_{22}}{(k_{12} - k_{22})^2 p_2 f''_{22}} + L_{12} f_{12} + \frac{f_{12}^2 K_1 R}{(k_{12} - k_{22})^2 g} > 0 \tag{5.32}$$

$$\frac{dx_{22}}{dA_{12}} = \frac{L_{22} f_{12}(f_{22} - f'_{22}k_{22} + f'_{22}k_{12})}{(k_{12} - k_{22})^2 p_2 f''_{22}} + \frac{L_{12} f_{22}(f_{12} - f'_{12}k_{12} + f'_{12}k_{22})}{(k_{12} - k_{22})^2 f''_{12}} - \frac{f_{22} f_{12} K_1 R}{(k_{12} - k_{22})^2 g} < 0 \tag{5.33}$$

Nach den vorangegangenen Überlegungen ergeben sich folgende um den technischen Fortschritt erweiterte Güterangebotsfunktionen.

$$x_{12} = x_{12}\left(\overset{-}{p_2}, \overset{+}{A_{12}}, \ldots\right) \tag{5.34}$$

$$x_{22} = x_{22}\left(\overset{+}{p_2}, \overset{-}{A_{12}}, \ldots\right) \tag{5.35}$$

Die Investitionsfunktion hat folgende Gestalt:

$$I = I\left(\overset{-}{p_2}, \overset{+}{A_{12}}, \ldots\right) \text{ wenn } k_{12} > k_{22}$$

$$I = I\left(\overset{+}{p_2}, \overset{-}{A_{12}}, \ldots\right) \text{ wenn } k_{22} > k_{12} \tag{5.36}$$

Die Gleichungen für die relative Outputänderung (3.43) und (3.44) sind um die Konsequenzen des technischen Fortschritts in Periode 2 zu modifizieren. Sie lauten nunmehr:

$$\hat{x}_{12} = \varepsilon_{12}\hat{p}_2 + \varepsilon_{1A12}\hat{A}_{12} \quad (5.37)$$

$$\hat{x}_{22} = \varepsilon_{22}\hat{p}_2 + \varepsilon_{2A12}\hat{A}_{12} \quad (5.38)$$

ε_{iA12} steht für die Elastizität der Produktion des Sektors i in Periode 2 in bezug auf erwartete Produktivitätserhöhungen im Sektor der gehandelten Güter. Es gilt $\varepsilon_{2A12} < 0$ und ebenfalls $\varepsilon_{1A12} > 1$. [11]

Eine Beziehung zwischen den beiden Elastizitäten ε_{2A12} und ε_{22}, wie sie im vorangegangenen Abschnitt hergeleitet wurde, besteht hier allerdings grundsätzlich nicht. Es gilt also nicht, daß beide sich nur im Vorzeichen, nicht aber in ihrem absoluten Wert unterscheiden. Zwar ist aus den Optimalitätsbedingungen (3.22) bis (3.24) zu erkennen, daß eine Erhöhung des Effizienzparameters A_{12} die gleichen Wirkungen für die sektoralen Kapitalintensitäten und die gesamtwirtschaftlichen Investitionen besitzt wie eine gleich starke Senkung des relativen Preises p_2. Allerdings sind die Wirkungen dieser beiden Störungen auf die sektoralen Arbeitseinsätze unterschiedlich. Dies liegt daran, daß die Arbeitsnachfrage beider Sektoren in der zweiten Periode nicht allein von den sektoralen Kapitalintensitäten abhängt, sondern auch von dem modellendogenen Kapitalstock der zweiten Periode. Das heißt, daß hier der Rybczynski-Effekt zu berücksichtigen ist, der seinerseits von dem Barwert des Wertgrenzprodukts des Kapitals λ_4 bestimmt wird. Dessen Entwicklung wird zum einen davon abhängen, wie die Relation der Kapitalintensitäten beider Sektoren ist,[12] zum anderen aber auch von dem Technologieparameter A_{12}, wie Gleichung (3.22) zeigt. Insgesamt kann festgehalten werden, daß anders als im Fall des temporären Fortschritts eine Erhöhung des Effizienzparameters A_{12} und eine gleich starke Senkung des relativen Preises p_2 unterschiedliche Investitionswirkungen und damit auch unterschiedliche Angebotswirkungen haben, so daß über die absoluten Werte der jeweiligen Elastizitäten ε_{2A12} und ε_{22} keine weiteren Aussagen getroffen werden können.

---

[11] Dies folgt unmittelbar, wenn Gleichung (5.33) durch $x_{12}=L_{12}f_{12}$ dividiert wird, um die Elastizität zu erhalten. Der dritte Summand ist dann gleich Eins, die übrigen Summanden sind positiv.

[12] Der Einfluß der Kapitalintensitäten auf das Grenzprodukt des Kapitals ist wiederum auch von der Produktionsfunktion abhängig, konkret von den Produktionselastizitäten der Faktoren und der Substitutionselastizität zwischen ihnen.

Außer den Güterangeboten und den Investitionen wird der technische Fortschritt die Konsummöglichkeiten der Haushalte verändern. Der Vermögenseffekt ergibt sich durch partielle Differentiation der Maximalwertefunktion nach dem Technologieparameter A_{12}.

$$\frac{dW}{dA_{12}} = \frac{Rx_{12}}{A_{12}} > 0 \tag{5.39}$$

Die prozentuale Veränderung des Vermögens wird hinter der des technischen Fortschritts zurückbleiben, wenn die Volkswirtschaft beide Güter in beiden Perioden herstellt.

$$\frac{dW}{dA_{12}} \frac{A_{12}}{W} = \frac{Rx_{12}}{W} \equiv \alpha_{12} \tag{5.40}$$

Mittels dieser Vermögensänderungen können die zunächst einsetzenden Nachfragereaktionen in beiden Perioden bestimmt werden.

$$\hat{c}_{11} = (\beta_1\phi - \beta_1\gamma\sigma)\hat{p}_1 + \gamma\sigma\beta_2\hat{p}_2 + \alpha_{12}\hat{A}_{12} \tag{5.41}$$

$$\hat{c}_{21} = -[(1-\beta_1)\phi + \gamma\sigma\beta_1]\hat{p}_1 + \gamma\sigma\beta_2\hat{p}_2 + \alpha_{12}\hat{A}_{12} \tag{5.42}$$

$$\hat{c}_{12} = (1-\gamma)\sigma\beta_1\hat{p}_1 + [\beta_2\phi - \beta_2(1-\gamma)\sigma]\hat{p}_2 + \alpha_{12}\hat{A}_{12} \tag{5.43}$$

$$\hat{c}_{22} = (1-\gamma)\sigma\beta_1\hat{p}_1 - [(1-\beta_2)\phi + (1-\gamma)\sigma\beta_2]\hat{p}_2 + \alpha_{12}\hat{A}_{12} \tag{5.44}$$

In beiden Perioden wird die Nachfrage proportional zum Vermögen steigen. In der Erwartung eines zukünftigen Einkommenszuwachses werden die Konsumenten dabei auch ihren Gegenwartskonsum erhöhen.

5.2.2 Die Entwicklung der realen Wechselkurse

Da das Angebot beider Güter in der ersten Periode nicht auf den technischen Fortschritt reagiert, wird bei den bisherigen relativen Preisen eine Überschußnachfrage auf beiden Märkten vorliegen.

In der zweiten Periode wird sich aufgrund der rückläufigen Produktion im zweiten Sektor, die eine Folge des investitionsinduzierten Rybczynski-Effekts und des Reallokationseffekts ist, auf dem Markt der nicht gehandelten Güter eine Überschußnachfrage und bei den gehandelten Gütern ein Überschußangebot einstellen.

Diese Angebots- und Nachfragewirkungen des technischen Fortschritts verändern die Gleichgewichtsbedingungen für die Märkte der nicht gehandelten Güter beider Perioden. Sie lauten nunmehr:

$$\text{G1:}\ -\left[(1-\beta_1)\phi+\gamma\sigma\beta_1+\varepsilon_{21}\right]\hat{p}_1+\left[\sigma\gamma\beta_2\right]\hat{p}_2=-\alpha_{12}\hat{A}_{12} \tag{5.45}$$

$$\text{G2:}\ \left[(1-\gamma)\sigma\beta_1\right]\hat{p}_1-\left[(1-\beta_2)\phi+\beta_2(1-\gamma)\sigma+\varepsilon_{22}\right]\hat{p}_2=\left[\varepsilon_{2A12}-\alpha_{12}\right]\hat{A}_{12} \tag{5.46}$$

Die Änderung des Produktivitätsparameters kann wiederum graphisch als Verlagerungen der Gleichgewichtskurven dargestellt werden, aus denen sich erste Hinweise für die erforderlichen Preisanpassungen ableiten lassen.

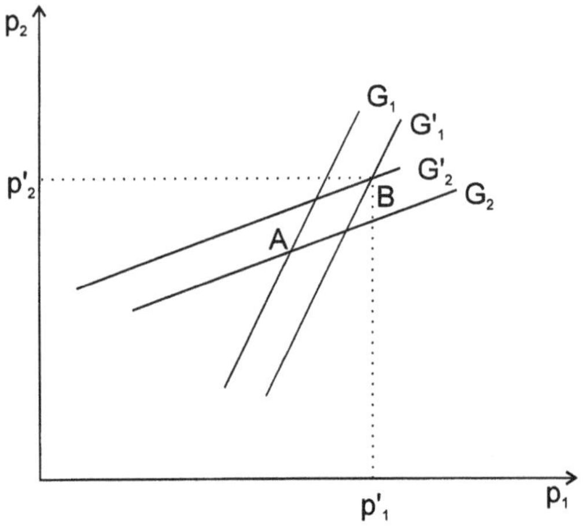

Abb. 5.2: Konsequenzen eines erwarteten technischen Fortschritts im ersten Sektor für die realen Wechselkurse

Die Überschußnachfrage in der ersten Periode kann bei gegebenem realen Wechselkurs in Periode 2 durch eine reale Aufwertung in der Gegenwart beseitigt werden, die über drei Kanäle wirkt. Einerseits kommt es bei einer positiven intertemporalen Substitutionselastizität zu einem Rückgang des realen Gegenwartskonsums, andererseits löst der Preisanstieg einen intratemporalen Substitutionseffekt aus, der die Nachfrage nach nicht gehandelten Gütern reduziert. Der dritte Transmissionskanal, der hier eine Rolle spielt, ist der Angebotseffekt, der die Produktion des zweiten Gutes ansteigen läßt und damit auch von dieser Seite zu einem

Abbau der Überschußnachfrage beiträgt. Bleibt p_1 unverändert, so kann das Ungleichgewicht in der Gegenwart auch durch eine reale Abwertung in der Zukunft, d. h. allein über den intertemporalen Substitutionseffekt beseitigt werden.

Analog kann die Ungleichgewichtssituation in der zweiten Periode bei konstantem Relativpreis p_2 über eine reale Abwertung in der Gegenwart beseitigt werden, die dann ausschließlich auf einer intertemporalen Substitution basiert. Bei gegebenem realen Wechselkurs in der Gegenwart müßte hingegen eine Erhöhung von p_2 erfolgen, die angebots- und nachfrageseitig die Überschußnachfrage abbaut. Folglich wird die G_1-Kurve nach rechts, die G_2-Kurve nach links verschoben.

Wie unmittelbar aus der Graphik zu erkennen ist, werden die relativen Preise der nicht gehandelten Güter in beiden Perioden zunehmen (Der neue Gleichgewichtspunkt B liegt rechts oberhalb von A). Die formale Lösung ist in den Gleichungen (5.47) und (5.48) wiedergegeben.

$$\hat{p}_1 = \frac{\alpha_{12}\left[(1-\beta_2)\phi + \sigma\beta_2 + \varepsilon_{22}\right] - \varepsilon_{2A12}\sigma\gamma\beta_2}{\Delta}\hat{A}_{12} > 0 \tag{5.47}$$

$$\hat{p}_2 = \frac{\alpha_{12}\left[(1-\beta_1)\phi + \sigma\beta_1 + \varepsilon_{21}\right] - \varepsilon_{2A12}\left[(1-\beta_1)\phi + \gamma\sigma\beta_1 + \varepsilon_{21}\right]}{\Delta}\hat{A}_{12} > 0 \tag{5.48}$$

mit $\Delta = \left[(1-\beta_1)\phi + \varepsilon_{21}\right]\left[(1-\beta_2)\phi + (1-\gamma)\sigma\beta_2 + \varepsilon_{22}\right] + \gamma\sigma\beta_1\left[(1-\beta_2)\phi + \varepsilon_{22}\right]$

Wird vereinfachend unterstellt, daß in beiden Perioden die Anteile für beide Güter an den Ausgaben der Periode identisch sind ($\beta_1 = \beta_2 = \beta$), so ergibt sich für das Verhältnis der beiden Preisänderungen:

$$\hat{p}_2 - \hat{p}_1 = \frac{\alpha_{12}(\varepsilon_{21} - \varepsilon_{22}) - \varepsilon_{2A12}\left[(1-\beta)\phi + \varepsilon_{21}\right]}{\Delta'}\hat{A}_{12} \tag{5.49}$$

mit $\Delta' = \left[(1-\beta)\phi + \varepsilon_{21}\right]\left[(1-\beta)\phi + (1-\gamma)\sigma\beta + \varepsilon_{22}\right] + \gamma\sigma\beta\left[(1-\beta)\phi + \varepsilon_{22}\right]$

(5.49) weist eine starke Ähnlichkeit zu (5.21) auf. Auch hier kann es zu einer Erhöhung oder Senkung des realen Diskontfaktors kommen, dessen Vorzeichen mit dem obigen Ausdruck übereinstimmt. Eine wichtige Rolle spielen die Angebotselastizitäten in beiden Perioden. Sind sie identisch, oder reagiert das Angebot des zweiten Gutes in der Gegenwart stärker auf Preisänderungen als in der Zukunft, so wird der reale Diskontfaktor zunehmen bzw. der Realzins fallen.

Die Überschußnachfrage in der Zukunft fällt stärker als die in der Gegenwart aus, da in Periode 2 gleichzeitig das Angebot des zweiten Gutes gesunken ist.[13] Eine prozentual gleich starke reale Aufwertung in beiden Perioden kann auch hier nicht zu einem neuen Gleichgewicht führen, wenn beide Angebotselastizitäten gleich groß sind. Bei gleichen Ausgabenanteilen der beiden Güter ($\beta_1=\beta_2$) steigen die Preisniveaus P_1 und P_2 gleich stark, so daß der reale Diskontfaktor konstant bleibt und keine intertemporale Substitution stattfindet.

Bei gleichen intratemporalen Nachfrage- und Angebotselastizitäten in beiden Perioden ist es allerdings nicht möglich, daß quantitativ verschiedene Überschußnachfragen mit gleichen prozentualen Preisänderungen abgebaut werden. Ein neues Gleichgewicht in beiden Perioden ist bei identischen Angebotselastizitäten nur dann erreichbar, wenn die reale Aufwertung in der Zukunft stärker ist als in der Gegenwart. Alternativ wäre ein neues Gleichgewicht bei einem konstanten realen Diskontfaktor auch denkbar, wenn die Angebotselastizität in der Zukunft größer ist als in der Gegenwart.

Theoretisch möglich ist auch hier der Fall einer umgekehrten Reaktion des realen Diskontfaktors. Dieser könnte im Extremfall sinken, wenn die intratemporale Substitutionselastizität ϕ und damit auch die Hickssche Nachfrageelastizität sehr klein sind, der Anteil des ersten Gutes am Vermögen relativ hoch ist und außerdem die Angebotselastizität in Periode 2 deutlich höher als in Periode 1 ist. In diesem Fall wird der Anstieg des relativen Preises in der Zukunft verglichen zu dem in der Gegenwart schwach ausfallen.

5.2.3 Leistungsbilanzwirkungen des erwarteten technischen Fortschritts

Die Ausdrücke für die Preisänderungen können nunmehr für die Herleitung der Leistungsbilanzreaktion benutzt werden. Da der technische Fortschritt ausschließlich in der zweiten Periode stattfindet, hängt das Einkommen der ersten Periode diesmal nur vom realen Wechselkurs in der Gegenwart ab, während die Investitionen neben dem relativen Preis p_2 nun auch vom Technologieparameter A_{12} beeinflußt werden.

$$b_1 = Y_1(p_1) - P_1(p_1)C_1(R_H, W_r) - Z(p_2, A_{12}) \tag{5.50}$$

---

[13] Der Ausdruck auf der rechten Seite in (5.46) ist absolut genommen größer als der in (5.45).

Die Einkommensänderung in der ersten Periode bezogen auf das Vermögen W reduziert sich bei einem antizipierten technischen Fortschritt auf:

$$\frac{dY_1}{W} = \beta(1-\gamma)\hat{p}_1 \tag{5.51}$$

Da sich der Preis des nicht gehandelten Gutes in der Gegenwart erhöht, wird das Einkommen zweifelsfrei zunehmen.

Die Ausgabenänderung lautet unter Berücksichtigung der vom technischen Fortschritt hervorgerufenen Vermögenseffekte.

$$\frac{dE_1}{W} = (1-\gamma)\left[\beta(1-\gamma\sigma)\hat{p}_1 + \beta\gamma\sigma\hat{p}_2 + \alpha_{12}\hat{A}_{12}\right] \tag{5.52}$$

Positive Einflüsse auf die nominalen Konsumausgaben in der Gegenwart E_1 gehen von der durch den Produktivitätsfortschritt ausgelösten Erhöhung des Vermögens und von dem Preisniveaueffekt aus. Letzterer wird bei unverändertem realem Gegenwartskonsum C_1 die nominalen Ausgaben steigen lassen. Der dritte Faktor, der für die nominalen Ausgaben in der Gegenwart von Bedeutung ist, ist der reale Diskontfaktor. Zwar ist nach den oben angestellten Überlegungen dessen Entwicklung nicht völlig eindeutig. Jedoch ist mit einer hohen Wahrscheinlichkeit davon auszugehen, daß R_H zunehmen wird. Dies löst einen kompensierten intertemporalen Substitutionseffekt in Höhe von $\hat{C}_1 = \gamma\sigma\beta\left[\hat{p}_2 - \hat{p}_1\right]$ aus. Ein steigender realer Diskontfaktor wird somit den realen Gegenwartskonsum erhöhen. Zusammenfassend wird also in der Regel mit einer Zunahme der nominalen Konsumausgaben in Periode 1 zu rechnen sein.

Wenn das Einkommen und der Konsum in der Gegenwart zunehmen, ist die Stärke der beiden Effekte zueinander zu prüfen.

$$\frac{dS_1}{W} = \frac{dY_1}{W} - \frac{dE_1}{W} = -(1-\gamma)\gamma\beta\sigma\left[\hat{p}_2 - \hat{p}_1\right] - (1-\gamma)\alpha_{12}\hat{A}_{12} \tag{5.53}$$

Wie aus (5.53) hervorgeht, wird die Ersparnis sinken, wenn die Bedingungen für eine Senkung des realen Zinssatzes gegeben sind. Es kann sogar gezeigt werden, daß selbst bei einer Erhöhung des Realzinssatzes die Ersparnis zurückgeht. Hierzu werden die gleichgewichtigen Relativpreisänderungen aus (5.49) in (5.53) eingesetzt.

$$\frac{dS_1}{W} = -(1-\gamma)\left[(1-\beta)\phi + \varepsilon_{21}\right]\frac{-\varepsilon_{2A12}\gamma\beta\sigma + \alpha_{12}\left[\varepsilon_{22} + (1-\beta)\phi + \sigma\beta\right]}{\Delta'}\hat{A}_{12} \tag{5.54}$$

Die Ausdrücke in den Klammern sind jeweils positiv, α_{12} ist positiv, während ε_{2A12} negativ ist. Der Bruch ist dann positiv, so daß der gesamte Ausdruck (5.54) kleiner ist als Null. Die Ersparnis in Periode 1 wird eindeutig sinken, was tendenziell leistungsbilanzverschlechternd wirkt.

Um die genaue Leistungsbilanzreaktion zu bestimmen, ist noch zu prüfen, wie die Investitionsnachfrage von dem technischen Fortschritt und der damit einhergehenden Preisänderungen beeinflußt wird. Auf die Investitionen wirken diesmal zwei Einflußgrößen: der Effizienzparameter A_{12} und der relative Preis p_2.

$$\frac{dZ}{W} = \frac{Z}{W}\left(\varepsilon_{Z2}\hat{p}_2 + \varepsilon_{ZA12}\hat{A}_{12}\right) \tag{5.55}$$

Die Elastizitäten der Investitionsausgaben bezüglich der Relativpreisänderung und des technischen Fortschritts in der zweiten Periode haben unterschiedliche Vorzeichen. Wird im ersten Sektor kapitalintensiver als im zweiten produziert, so ist ε_{Z2} negativ und ε_{ZA12} positiv.

Da ein erwarteter technischer Fortschritt im Sektor der gehandelten Güter einen Anstieg der Preise der nicht gehandelten Güter in beiden Perioden nach sich zieht, kann mithin a priori nicht festgestellt werden, wie die Investitionen reagieren werden. Um dennoch zu Aussagen über die Investitionsentwicklung zu gelangen, muß der Zusammenhang zwischen den beiden Elastizitäten ε_{Z2} und ε_{ZA12} betrachtet werden. Hierzu werden diese in Produkte von Teilelastizitäten zerlegt.

$$\varepsilon_{Z2} = \varepsilon_{Z\lambda 4}\varepsilon_{\lambda 4p}$$

$$\varepsilon_{ZA12} = \varepsilon_{Z\lambda 4}\varepsilon_{\lambda 4A12}$$

λ_4 ist der Gegenwartswert des Schattennutzungspreises des Kapitals in Periode 2. $\varepsilon_{Z\lambda 4}$ gibt somit an, wie elastisch die Investitionsausgaben Z auf Änderungen des Kapitalnutzungspreises in der Zukunft reagieren. Da höhere Wertgrenzprodukte des Kapitals die Investitionsnachfrage erhöhen, ist $\varepsilon_{Z\lambda 4}$ eindeutig positiv.

Die Elastizitäten $\varepsilon_{\lambda 4p}$ und $\varepsilon_{\lambda 4A12}$ stellen den Einfluß dar, den Änderungen des relativen Preises p_2 bzw. des Effizienzparameters A_{12} auf den Gegenwartswert des Kapitalnutzungspreises der zweiten Periode haben. Beide sind nicht unabhängig voneinander, wie anhand der Optimalitätsbedingungen (3.22) bis (3.24) aus dem dritten Kapitel nachvollzogen werden kann. Eine gleichstarke Erhöhung des relativen Preises p_2 und des Effizienzparameters A_{12} hat keinen Einfluß auf die optimalen Kapitalintensitäten beider Sektoren. Es werden sich nur die Wertgrenzprodukte beider Faktoren proportional zu p_2 bzw. A_{12} erhöhen. Hieraus folgt, daß die Summe der beiden Elastizitäten $\varepsilon_{\lambda 4p}$ und $\varepsilon_{\lambda 4A12}$ gleich Eins sein muß. Das heißt, daß

$$\varepsilon_{\lambda 4A12} = 1 - \varepsilon_{\lambda 4p}$$

gilt. Setzt man diesen Zusammenhang in Gleichung (5.55) ein, folgt:

$$\frac{dZ}{W} = \frac{Z}{W} \varepsilon_{Z\lambda 4}\left[\varepsilon_{\lambda 4p}\left(\hat{p}_2 - \hat{A}_{12}\right) + \hat{A}_{12}\right] \quad (5.56)$$

Die Entwicklung der Investitionsnachfrage der Unternehmen wird somit maßgeblich von $\varepsilon_{\lambda 4p}$ sowie der Stärke der relativen Preisänderung in Periode 2 verglichen mit der Änderung des Parameters A_{12} beeinflußt. Letztere läßt sich aus Gleichung (5.48) bestimmen, wenn davon ausgegangen wird, daß die intratemporale Substitutionselastizität gleich Eins ist. Nimmt man weiter an, daß die Leistungsbilanzen in der Ausgangssituation ausgeglichen waren, so gilt:

$$\alpha_{12} = (1 - \beta)\gamma$$

Es läßt sich dann zeigen, daß $\hat{p}_2 \gtreqless \hat{A}_{12}$ ist, wenn

$$-[1 - \beta + \gamma\sigma\beta + \varepsilon_{21}](\varepsilon_{22} + \varepsilon_{2A12}) - [1 - \beta + \varepsilon_{21}][1 - \gamma][1 - \beta + \beta\sigma] \gtreqless 0 \quad (5.57)$$

gilt. Da sämtliche Ausdrücke in den eckigen Klammern positiv sind, wird der relative Preis p_2 schwächer steigen als A_{12}, wenn die Summe aus ε_{2A12} und ε_{22} größer oder gleich Null ist. Da beide Elastizitäten aber unterschiedliche Vorzeichen besitzen, wird dies dann der Fall sein, wenn ε_{22} betragsmäßig mindestens genauso groß ist wie ε_{2A12}. Dies wird bei der weiteren Argumentation unterstellt.

Die Investitionen werden also dann steigen, wenn gilt:

$$\varepsilon_{\lambda 4p} < -\frac{\hat{A}_{12}}{\hat{p}_2 - \hat{A}_{12}} \quad (5.58)$$

Da unter den getroffenen Prämissen der Nenner des Ausdrucks negativ ist, wird bei einem technischen Fortschritt die rechte Seite in (5.58) positiv sein. Folglich steigen die gesamtwirtschaftlichen Investitionen, wenn $\varepsilon_{\lambda 4p}$

negativ ist. Dies wiederum wird dann der Fall sein, wenn die Kapitalintensität im ersten Sektor höher als im zweiten Sektor ist.

Ist hingegen die Kapitalintensität im zweiten Sektor höher, so wird $\varepsilon_{\lambda 4p}$ positiv sein. Ob es dann trotzdem zu einem Ansteigen der Investitionen kommt, hängt nach (5.58) davon ab, wie stark die reale Aufwertung hinter dem Produktivitätsfortschritt zurückbleibt. Ist die Differenz im Nenner verhältnismäßig klein, so können auch hier die Investitionen zunehmen. In allen anderen Fällen ist (5.58) nicht erfüllt, so daß die Investitionen sinken.

Nach den vorangegangenen Ausführungen ist eine eindeutige Leistungsbilanzreaktion nicht herzuleiten. Zwar wird die Ersparnis eindeutig sinken, was per se leistungsbilanzverschlechternd wirkt, jedoch bleibt die Investitionsentwicklung unklar. Ist die Produktion im ersten Sektor relativ kapitalintensiv, so werden die Investitionen steigen, die Leistungsbilanz wird sich dann auf jeden Fall verschlechtern. Ist die Kapitalintensität im zweiten Sektor größer, bleibt jedoch der Preisanstieg beim zweiten Gut nur wenig hinter der Produktivitätsverbesserung zurück, so werden die Investitionen ebenfalls zunehmen, und die Leistungsbilanz passiviert sich.

Sinken hingegen die gesamtwirtschaftlichen Investitionen, so kommt es auf einen Vergleich des Ersparnis- und Investitionsrückgangs an. Interpretierbare Bedingungen für die Leistungsbilanzentwicklung können hierfür allerdings nicht mehr hergeleitet werden.

5.3 Permanenter technischer Fortschritt

5.3.1 Produktions-, Investitions- und Konsumeffekte

Nachdem die beiden vorangegangenen Abschnitte die Wirkungen eines auf jeweils eine Periode beschränkten technischen Fortschritts analysiert haben, werden abschließend die Auswirkungen eines in beiden Perioden wirksamen technischen Fortschritts für die Leistungsbilanz untersucht. Es wird dabei davon ausgegangen, daß dieser in beiden Perioden die gleiche relative Stärke aufweist, so daß

$$\hat{A}_{11} = \hat{A}_{12} \equiv \hat{A}_1$$

gilt, während alle anderen exogenen Größen unverändert bleiben.

Der permanente technische Fortschritt im Sektor 1 wird die Angebotsstruktur in beiden Perioden verändern. Die sinkenden Stückkosten des ersten Gutes machen die Produktion in diesem Sektor lukrativer, so daß der erste Sektor zusätzliche Faktoren an sich zieht. Das Angebot des ersten Gutes wird folglich zunehmen, während die Produktion des zweiten

Gutes eingeschränkt wird. In der ersten Periode ist dies allein auf den statischen Reallokationseffekt zurückzuführen, während in der zweiten Periode die Outputänderungen auf dem Reallokationseffekt und der Investitionsänderung basieren.

Letztere ist abhängig von der Relation der beiden sektoralen Kapitalintensitäten. Der Produktivitätsgewinn läßt die Nachfrage nach Kapital und Arbeit im ersten Sektor steigen. Ist dieser kapitalintensiver als der zweite, so erhöht sich auch bei unveränderten Güterpreisen der Kapitalnutzungspreis, während der Lohnsatz fallen wird. Der höhere Kapitalnutzungspreis löst über die intertemporale Optimalitätsbedingung für den Kapitaleinsatz eine höhere Investitionsnachfrage aus. Das zusätzliche Kapital in der zweiten Periode wird nach dem Rybczynski-Theorem in den kapitalintensiven Sektor fließen. Da sich der Arbeitseinsatz in der Zukunft nicht verändert, ist dies mit einer weiteren Wanderung der Arbeit vom zweiten in den ersten Sektor verbunden, so daß die Produktion des ersten (zweiten) Sektors weiter expandiert (schrumpft).

Die um den technischen Fortschritt erweiterten Güterangebotsfunktionen und die Investitionsfunktion haben somit folgende Gestalt:

$$x_{11} = x_{11}\left(\overset{-}{p_1}, \overset{+}{A_1}, \ldots\right) \tag{5.59}$$

$$x_{21} = x_{21}\left(\overset{+}{p_1}, \overset{-}{A_1}, \ldots\right) \tag{5.60}$$

$$x_{12} = x_{12}\left(\overset{-}{p_2}, \overset{+}{A_1}, \ldots\right) \tag{5.61}$$

$$x_{22} = x_{22}\left(\overset{+}{p_2}, \overset{-}{A_1}, \ldots\right) \tag{5.62}$$

$$I = I\left(\overset{-}{p_2}, \overset{+}{A_1}, \ldots\right) \text{ wenn } k_{12} > k_{22}$$

$$I = I\left(\overset{+}{p_2}, \overset{-}{A_1}, \ldots\right) \text{ wenn } k_{22} > k_{12} \tag{5.63}$$

Logarithmisches Differenzieren der Angebotsfunktionen beider Perioden ergibt:

$$\hat{x}_{11} = \varepsilon_{11}\hat{p}_1 + \varepsilon_{11A1}\hat{A}_1 \tag{5.64}$$

$$\hat{x}_{21} = \varepsilon_{21}\hat{p}_1 + \varepsilon_{21A1}\hat{A}_1 \tag{5.65}$$

$$\hat{x}_{12} = \varepsilon_{12}\hat{p}_2 + \varepsilon_{12A1}\hat{A}_1 \tag{5.66}$$

$$\hat{x}_{22} = \varepsilon_{22}\hat{p}_2 + \varepsilon_{22A1}\hat{A}_1 \tag{5.67}$$

ε_{itA1} steht für die Elastizität der Produktion des Sektors i in Periode t in bezug auf permanente Produktivitätserhöhungen im Sektor der gehandelten Güter. Es gilt $\varepsilon_{2tA1} < 0$ und $\varepsilon_{1tA1} > 1$. Zwischen ε_{21A1} und der Preiselastizität ε_{21} besteht die in Abschnitt 5.1.1 hergeleitete Beziehung

$$\varepsilon_{21A1} = -\varepsilon_{21}$$

Das Vermögen W wird um den Barwert der Summe der Produktionswerte des ersten Sektors in beiden Perioden steigen:

$$\frac{\partial W}{\partial A_1} = \frac{x_{11} + Rx_{12}}{A_1},$$ [14]

bzw. als relative Änderungsrate geschrieben

$$\frac{dW}{dA_1}\frac{A_1}{W} = \frac{x_{11} + Rx_{12}}{W} = \alpha_{11} + \alpha_{12} \equiv \alpha_1 . \tag{5.68}$$

Da α_1 kleiner als Eins ist, bleibt der prozentuale Vermögenszuwachs hinter der relativen Produktivitätsverbesserung zurück. Setzt man diesen Ausdruck in die Nachfragegleichungen ein, so folgt:

$$\hat{c}_{11} = (\beta_1\phi - \beta_1\gamma\sigma)\hat{p}_1 + \gamma\sigma\beta_2\hat{p}_2 + \alpha_1\hat{A}_1 \tag{5.69}$$

$$\hat{c}_{21} = -[(1-\beta_1)\phi + \gamma\sigma\beta_1]\hat{p}_1 + \gamma\sigma\beta_2\hat{p}_2 + \alpha_1\hat{A}_1 \tag{5.70}$$

$$\hat{c}_{12} = (1-\gamma)\sigma\beta_1\hat{p}_1 + [\beta_2\phi - \beta_2(1-\gamma)\sigma]\hat{p}_2 + \alpha_1\hat{A}_1 \tag{5.71}$$

$$\hat{c}_{22} = (1-\gamma)\sigma\beta_1\hat{p}_1 - [(1-\beta_2)\phi + (1-\gamma)\sigma\beta_2]\hat{p}_2 + \alpha_1\hat{A}_1 \tag{5.72}$$

Ähnlich wie bei dem nur auf eine Periode beschränkten technischen Fortschritt nimmt wegen der Annahme homothetischer intratemporaler und intertemporaler Nutzenfunktionen die Nachfrage nach beiden Gütern in beiden Perioden proportional zum Vermögen zu. Der einzige Unterschied

---

[14] Hierbei wurde davon ausgegangen, daß die sektoralen Produktivitätsparameter in der Ausgangssituation übereinstimmten: $A_{11}=A_{12}=A_1$.

zu den vorangegangen Abschnitten besteht darin, daß der Vermögenszuwachs bei einem permanenten technischen Fortschritt quantitativ stärker ausfällt als bei einem nur auf eine Periode beschränkten Produktivitätsanstieg.

5.3.2 Die Entwicklung der realen Wechselkurse

Da in beiden Perioden das Angebot des nicht gehandelten Gutes zurückgeht, zugleich aber aufgrund des Vermögenseffekts die Nachfrage nach Produkten des zweiten Sektors steigt, existiert auf dem Markt für Gut 2 sowohl in der Gegenwart als auch in der Zukunft eine Überschußnachfrage.

Dies kommt in den um den technischen Fortschritt modifizierten Gleichgewichtsbedingungen (5.73) und (5.74) in den negativen Vorzeichen der rechten Seiten zum Ausdruck.

$$\text{G1: } -\left[(1-\beta_1)\phi + \gamma\sigma\beta_1 + \varepsilon_{21}\right]\hat{p}_1 + \left[\sigma\gamma\beta_2\right]\hat{p}_2 = -\left[\varepsilon_{21} + \alpha_1\right]\hat{A}_1 \tag{5.73}$$

$$\text{G2: } \left[(1-\gamma)\sigma\beta_1\right]\hat{p}_1 - \left[(1-\beta_2)\phi + \beta_2(1-\gamma)\sigma + \varepsilon_{22}\right]\hat{p}_2 = \left[\varepsilon_{22A1} - \alpha_1\right]\hat{A}_1 \tag{5.74}$$

In Abbildung 5.3 wird die Veränderung der beiden Gleichgewichtskurven dargestellt. Die G_1-Kurve wird nach rechts verschoben. In der Gegenwart läßt sich die Überschußnachfrage bei einem konstanten p_2 durch eine reale Aufwertung korrigieren, die das Angebot des nicht gehandelten Gutes erhöht und zugleich die Nachfrage senkt, wobei intratemporale und intertemporale Substitutionsprozesse zusammenwirken. Alternativ kann ein neues Gleichgewicht bei gegebenem realen Wechselkurs in Periode 1 durch eine Senkung des Preises p_2 zustande kommen. Dies reduziert das Preisniveau P_2, verbilligt damit den realen Zukunftskonsum und löst eine intertemporale Substitution aus, was den realen Gegenwartskonsum senkt und damit auch die Nachfrage nach dem nicht gehandelten Gut.

In der zweiten Periode gelten ähnliche Überlegungen. Die in der zweiten Periode vorliegende Überschußnachfrage kann bei gegebenem Relativpreis p_1 über eine reale Aufwertung in der Zukunft beseitigt werden. Hierdurch wird die Nachfrage gesenkt und das Angebot erhöht. Alternativ kann bei einem zukünftig konstanten realen Wechselkurs die Nachfrage nach dem nicht gehandelten Gut über eine Senkung von p_1 beseitigt werden.

Aus der graphischen Analyse ergibt sich eine Erhöhung beider relativen Preise im neuen Gleichgewichtspunkt B. Dies ist nach den Ausführungen der beiden letzten Abschnitte dieses Kapitels auch nicht anders zu erwarten. Denn wenn bei einer temporären und einer erwarteten Produktivitätsverbesserung jeweils ein Ansteigen der beiden relativen Preise zu beobachten ist, muß dies auch für den permanenten technischen Fortschritt gelten.

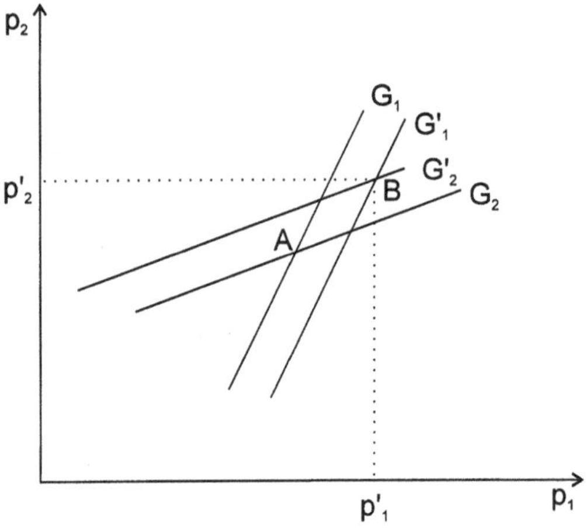

Abb 5.3: Konsequenzen eines permanenten technischen Fortschritts im ersten Sektor für die realen Wechselkurse

Um die Überschußnachfrage in der Gegenwart abzubauen, genügt bei gegebenem p_2 eine reale Aufwertung in Periode 1. Diese wird über den intertemporalen Substitutionseffekt zu einer Zunahme des realen Zukunftskonsums führen und somit das Ungleichgewicht in Periode 2 verschärfen. Folglich muß auch in der Zukunft eine reale Aufwertung erfolgen.

Die exakten Preisänderungen lauten:

$$\hat{p}_1 = \frac{\alpha_1\left[(1-\beta_2)\phi + \sigma\beta_2 + \varepsilon_{22}\right] + \varepsilon_{21}\left[(1-\beta_2)\phi + (1-\gamma)\sigma\beta_2 + \varepsilon_{22}\right] - \varepsilon_{22A1}\sigma\gamma\beta_2}{\Delta}\hat{A}_1 > 0 \tag{5.75}$$

$$\hat{p}_2 = \frac{\alpha_1\left[(1-\beta_1)\phi + \sigma\beta_1 + \varepsilon_{21}\right] - \varepsilon_{22A1}\left[(1-\beta_1)\phi + \gamma\sigma\beta_1 + \varepsilon_{21}\right] + \varepsilon_{21}(1-\gamma)\sigma\beta_1}{\Delta}\hat{A}_1 > 0 \tag{5.76}$$

mit $\Delta=\left[(1-\beta_1)\phi+\varepsilon_{21}\right]\left[(1-\beta_2)\phi+(1-\gamma)\sigma\beta_2+\varepsilon_{22}\right]+\gamma\sigma\beta_1\left[(1-\beta_2)\phi+\varepsilon_{22}\right]$

Im folgenden wird wiederum vereinfachend unterstellt, daß die Ausgabenanteile für ein bestimmtes Gut in beiden Perioden übereinstimmen ($\beta_1=\beta_2=\beta$), so daß für die Relation der Preisänderungen gilt:

$$\hat{p}_2-\hat{p}_1=\frac{\alpha_1(\varepsilon_{21}-\varepsilon_{22})-\varepsilon_{22A1}\left[(1-\beta)\phi+\varepsilon_{21}\right]-\varepsilon_{21}\left[(1-\beta)\phi+\varepsilon_{22}\right]}{\Delta'}\hat{A}_1 \qquad (5.77)$$

mit $\Delta'=\left[(1-\beta)\phi+\varepsilon_{21}\right]\left[(1-\beta)\phi+(1-\gamma)\sigma\beta+\varepsilon_{22}\right]+\gamma\sigma\beta\left[(1-\beta)\phi+\varepsilon_{22}\right]$

Für die relative Stärke der Preisänderungen gelten ähnliche Überlegungen wie in den beiden vorangegangenen Abschnitten. Sie hängt entscheidend von dem Verhältnis der Angebotselastizitäten beider Perioden ab, da die intratemporalen Nachfrageelastizitäten bei konstanten Ausgabenanteilen identisch sind. Allerdings tritt hier eine weitere Schwierigkeit hinzu, da nicht klar ist, wie sich die absoluten Werte von ε_{22} und ε_{22A1} zueinander verhalten. Sind beide betragsmäßig identisch und sind auch die Angebotselastizitäten in der Gegenwart und der Zukunft identisch, so bleibt auch der reale Diskontfaktor konstant. Sind allein die Angebotselastizitäten identisch, so wird der reale Diskontfaktor steigen, wenn ε_{22A1} dem Betrag nach größer ist als ε_{22}. In diesem Fall wird der anfängliche Nachfrageüberschuß auf dem Markt für nicht gehandelte Güter in der zweiten Periode stärker ausfallen als in der ersten, so daß zu seiner Beseitigung auch bei gleichen Angebotselastizitäten eine stärkere reale Aufwertung in Periode 2 erforderlich ist. Der reale Diskontfaktor wird in diesem Fall auch dann steigen, wenn die Angebotselastizität in der zweiten Periode kleiner ist als in der ersten.

5.3.3 Leistungsbilanzwirkungen des permanenten technischen Fortschritts

Die gleichgewichtigen Preisänderungen werden zur Analyse der Leistungsbilanzreaktion benötigt. Die Leistungsbilanz in der Gegenwart wird von folgenden Einflußfaktoren bestimmt:

$$b_1=Y_1(p_1,A_1)-P_1(p_1)C_1(R_H,W_r)-Z(p_2,A_1) \qquad (5.78)$$

Betrachtet man die Entwicklung der einzelnen Komponenten, die auf den Leistungsbilanzsaldo wirken, so ergibt sich für die Einkommensänderung in der ersten Periode

$$\frac{dY_1}{W} = \beta(1-\gamma)\hat{p}_1 + \alpha_{11}\hat{A}_1 \tag{5.79}$$

Die Änderung des Einkommens in der Gegenwart entspricht derjenigen eines temporären technischen Fortschritts. Dieser erhöht bei unveränderten relativen Güterpreisen das in Einheiten des gehandelten Gutes gemessene Gegenwartseinkommen. Daneben wird sich der Preis des nicht gehandelten Gutes in Periode 1 erhöhen. Dies wird das Einkommen um den Anteil, den die Produktion des nicht gehandelten Gutes am Vermögen W in der Ausgangssituation hatte, steigen lassen. Beide Effekte zusammen lassen das Einkommen in der ersten Periode eindeutig zunehmen.

Die Ausgabenänderung lautet unter Berücksichtigung der vom technischen Fortschritt hervorgerufenen Vermögenseffekte:

$$\frac{dE_1}{W} = (1-\gamma)\left[\beta(1-\gamma\sigma)\hat{p}_1 + \beta\gamma\sigma\hat{p}_2 + \alpha_1\hat{A}_1\right] \tag{5.80}$$

Auf die Entwicklung der Ausgaben wirken drei Faktoren. Der technische Fortschritt wird bei unveränderten Preisen das Vermögen und damit auch die Ausgaben in der Gegenwart erhöhen. Allerdings kommt es in beiden Perioden zu Anpassungen der realen Wechselkurse, die ebenfalls das Ausgabenverhalten der privaten Haushalte beeinflussen. Bei gegebenem realem Konsum C_1 wird die Erhöhung des relativen Preises des nicht gehandelten Gutes in der ersten Periode auch das Preisniveau steigen lassen, was wiederum einen Anstieg der nominalen Konsumausgaben nach sich zieht. Die dritte Einflußgröße auf E_1 ist der reale Diskontfaktor, der je nach dem Verhältnis der Angebotselastizitäten ε_{22}, ε_{21} und ε_{22A1} sowohl steigen als auch fallen kann. Nimmt dieser zu, so wird es auch zu höheren nominalen Konsumausgaben in der Gegenwart kommen. In diesem Fall ändern sich das Einkommen und die Konsumausgaben in der Gegenwart gleichgerichtet, so daß eine genauere Untersuchung der Ersparnis erfolgen muß.

Die Differenz aus der Einkommens- und Konsumausgabenänderung ergibt die Reaktion der Ersparnis:

$$\frac{dS_1}{W} = \frac{dY_1}{W} - \frac{dE_1}{W} = -(1-\gamma)\gamma\sigma\beta\left[\hat{p}_2 - \hat{p}_1\right] + \left[\gamma\alpha_{11} - (1-\gamma)\alpha_{12}\right]\hat{A}_1 \tag{5.81}$$

Zwei Einflußgrößen bestimmen die Entwicklung der Ersparnis in der Gegenwart. Da der Anstieg des relativen Preises p_1 eine gleich starke Wirkung für die Einkommens- und Konsumausgabenentwicklung hat,[15] ist für die preisbedingte Ersparnisänderung nur noch der reale Diskontfaktor relevant. Erhöht sich der reale Diskontfaktor, so wird der reale Gegenwartskonsum zunehmen, so daß es hierdurch zu einem Rückgang der Ersparnis kommt. Die Bedingungen hierfür wurden weiter oben diskutiert.

Der zweite Faktor, der die Ersparnis berührt, ist der durch den technischen Fortschritt ausgelöste Vermögenseffekt, der durch den zweiten Summanden in Gleichung (5.81) abgebildet wird. Wie dieser auf die absolute Höhe der Ersparnis wirkt, hängt von den intertemporalen Konsumausgabenanteilen γ bzw. $1-\gamma$ sowie den Anteilen α_{11} und α_{12} der Produktionswerte am Vermögen ab.

Die Ersparnis wird um so eher zunehmen, je größer α_{11} und γ ausfallen und je geringer α_{12} ist. Eine geringere Zeitpräferenzrate wird einen hohen Anteil des Zukunftskonsums an den gesamten Konsumausgaben der Haushalte mit sich bringen. Steigt das Realvermögen, so wird entsprechend nur ein geringer Teil des Vermögenszuwachses für die Nachfrage in der Gegenwart verwendet, so daß von dieser Seite mit einem Anstieg der Ersparnis zu rechnen ist. Hohe α_{11}-Werte implizieren eine verhältnismäßig starke Zunahme des Gegenwartseinkommens. Die Nachfrage nach Gegenwartskonsum wird sich jedoch nur um das $(1-\gamma)\cdot(\alpha_{11}+\alpha_{12})$-fache des Produktivitätsanstiegs erhöhen. Je höher folglich α_{11} und je geringer α_{12} ist, um so eher steigt die Ersparnis.

Wird vereinfachend angenommen, daß die Leistungsbilanzen beider Perioden vor dem technischen Fortschritt ausgeglichen waren, so sind die Produktion und der Konsum auch beim gehandelten Gut in der zweiten Periode identisch: $x_{12} = c_{12}$. Ferner muß dann wegen der Einhaltung der intertemporalen Budgetrestriktion in der ersten Periode die Produktion des gehandelten Gutes genauso hoch sein wie die gesamtwirtschaftliche Nachfrage, die aus dem Konsum und der gesamtwirtschaftlichen Investition besteht: $x_{11} = c_{11} + Z$. Somit gilt:

$$\begin{aligned} \alpha_{11} &= (1-\beta)(1-\gamma) + \frac{Z}{W} \\ \alpha_{12} &= (1-\beta)\gamma \\ \alpha_{1} &= 1-\beta + \frac{Z}{W} \end{aligned} \tag{5.82}$$

Der Ausdruck für die Ersparnisänderung wird dann zu:

---

15 Beide steigen um $(1-\gamma)\beta$. Siehe hierzu die Gleichungen (5.79) und (5.80).

$$\frac{dS_1}{W} = \frac{dY_1}{W} - \frac{dE_1}{W} = -(1-\gamma)\gamma\sigma\beta[\hat{p}_2 - \hat{p}_1] + \frac{Z}{W}\hat{A}_1 \tag{5.83}$$

Der Einfluß des technischen Fortschritts auf die Ersparnis ist damit positiv, wenn vor der Störung die Investitionen positiv waren. Da in diesem Fall in der Ausgangssituation die Produktion des ersten Gutes in Periode 1 größer war als der Konsum, wächst das Einkommen stärker als die Ausgaben, so daß die Ersparnis in der Gegenwart steigt.

Die Ersparnis wird ferner von den Güterpreisen beeinflußt. Steigt der reale Diskontfaktor, so wird von dieser Seite her die Ersparnis negativ beeinflußt. Fällt jedoch diese Realzinssenkung relativ gering aus und sind zugleich β und σ hinreichend klein, so kann sich eine insgesamt steigende Ersparnis einstellen. Geringe Ausgabenanteile für das nicht gehandelte Gut lassen die Preisniveaus in beiden Perioden nur relativ gering ansteigen, so daß der Anstieg des realen Diskontfaktors ebenfalls nur mäßig ausfallen wird. Eine geringe intertemporale Substitutionselastizität hingegen impliziert eine geringe kompensierte intertemporale Nachfrageelastizität $\overline{\eta}_{C1R}$. Dies läßt den realen Gegenwartskonsum nur geringfügig zunehmen bzw. die Ersparnis nur leicht zurückgehen.

Die Investitionen werden wiederum von dem relativen Preis p_2 und dem Produktivitätsparameter A_1 beeinflußt, wobei allerdings nur der Produktivitätsanstieg in der zweiten Periode auf die Investitionen wirkt.

$$\frac{dZ}{W} = \frac{Z}{W}\left(\varepsilon_{Z2}\hat{p}_2 + \varepsilon_{ZA1}\hat{A}_1\right) \tag{5.84}$$

Der technische Fortschritt und die als Folge einsetzende reale Aufwertung in der Zukunft haben unterschiedliche Effekte auf die gesamtwirtschaftliche Investitionsnachfrage, so daß die obigen Elastizitäten unterschiedliche Vorzeichen haben. Ist der erste Sektor kapitalintensiver als der zweite, so ist ε_{Z2} negativ und ε_{ZA1} (die Elastizität der Investitionsausgaben Z in bezug auf den permanenten technischen Fortschritt) positiv. Die Investitionswirkung ist somit aus (5.84) nicht unmittelbar zu erkennen. (5.84) weist allerdings eine hohe Ähnlichkeit zu (5.55) auf. Zerlegt man die obigen Elastizitäten, so folgt:

$$\varepsilon_{Z2} = \varepsilon_{Z\lambda 4}\varepsilon_{\lambda 4p}$$

$$\varepsilon_{ZA1} = \varepsilon_{Z\lambda 4}\varepsilon_{\lambda 4A1}$$

$\varepsilon_{Z\lambda 4}$ ist positiv und gibt an, wie elastisch die gesamten Investitionsausgaben Z auf Änderungen des zukünftigen Kapitalnutzungspreises λ_4 reagieren. $\varepsilon_{\lambda 4p}$ und $\varepsilon_{\lambda 4A1}$ bilden ab, wie Änderungen des relativen Preises p_2 bzw. des Effizienzparameters A_1 auf den Gegenwartswert des Kapitalnutzungspreises der zweiten Periode wirken. Zwischen beiden gilt der im letzten Abschnitt erläuterte Zusammenhang:

$$\varepsilon_{\lambda 4A1} = 1 - \varepsilon_{\lambda 4p}$$

gilt. In (5.84) eingesetzt folgt:

$$\frac{dZ}{W} = \frac{Z}{W}\varepsilon_{Z\lambda 4}\left[\varepsilon_{\lambda 4p}\left(\hat{p}_2 - \hat{A}_1\right) + \hat{A}_1\right] \tag{5.85}$$

Die Investitionsentwicklung hängt hiernach von $\varepsilon_{\lambda 4p}$ sowie der Stärke der relativen Preisänderung in Periode 2 verglichen zur Änderung des Parameters A_1 ab. Um weitere Informationen über die Änderung der Investitionen zu erhalten, ist es erforderlich, den Term $\hat{p}_2 - \hat{A}_1$ genauer zu untersuchen. Hierzu werden vereinfachend eine intratemporale Substitutionselastizität von Eins und ausgeglichene Leistungsbilanzen im Ausgangsgleichgewicht unterstellt. Setzt man den in (5.82) hergeleiteten Zusammenhang in Gleichung (5.76) ein, so läßt sich nach einigen Umformungen zeigen, daß $\hat{p}_2 \overset{>}{\underset{<}{=}} \hat{A}_1$ ist, wenn

$$\frac{Z}{W}\left[1 - \beta + \gamma\sigma + \varepsilon_{21}\right] - \left(\varepsilon_{22} + \varepsilon_{22A1}\right)\left[1 - \beta + \beta\gamma\sigma + \varepsilon_{21}\right] \overset{>}{\underset{<}{=}} 0 \tag{5.86}$$

ist. In (5.86) sind alle Ausdrücke in den eckigen Klammern positiv. Sofern die Investitionen positiv waren, ist der erste Summand ebenfalls positiv. Das Vorzeichen des zweiten Terms hängt von der Summe aus ε_{22} und ε_{22A1} ab. Beide Elastizitäten haben unterschiedliche Vorzeichen. Wie im letzten Abschnitt sei unterstellt, daß ε_{22} betragsmäßig größer ist als ε_{22A1}. Geht man weiter davon aus, daß der Anteil, den die Investitionen am Gesamtvermögen besitzen, hinreichend klein ist, so wird der Anstieg des relativen Preises p_2 schwächer ausfallen als der von A_1.

Nach diesen Überlegungen ergibt sich eine Zunahme der gesamtwirtschaftlichen Investitionen, wenn

$$\varepsilon_{\lambda 4p} < -\frac{\hat{A}_1}{\hat{p}_2 - \hat{A}_1} \tag{5.87}$$

gilt. Weil annahmegemäß der Nenner des Bruches negativ ist, wird die rechte Seite in (5.87) positiv sein. Damit werden die gesamtwirtschaftlichen Investitionen dann zunehmen, wenn $\varepsilon_{\lambda 4p}$ negativ ist, was bei einer relativ kapitalintensiven Produktion im ersten Sektor der Fall sein wird.

Wird im zweiten Sektor kapitalintensiver produziert als im ersten Sektor, ist $\varepsilon_{\lambda 4p}$ positiv. Es kann dann trotzdem zu einer höheren gesamtwirtschaftlichen Investition kommen, wenn die Differenz im Nenner verhältnismäßig klein ist. In allen anderen Fällen wird $\varepsilon_{\lambda 4p}$ größer sein als der Ausdruck rechts vom Ungleichheitszeichen, so daß dann die Investitionen sinken.

Die Leistungsbilanzreaktion ist bei einem technischen Fortschritt, der permanenter Natur ist, ambivalent. Es konnten keine eindeutigen Ergebnisse hinsichtlich der Ersparnis- und Investitionsänderung in der Gegenwart hergeleitet werden, so daß Leistungsbilanzverbesserungen ebenso möglich sind wie Verschlechterungen. Unterstellt man, daß die vermögensbedingte Zunahme der Ersparnis in etwa kompensiert wird durch den fallenden Realzins, der die Ersparnis sinken läßt, so wird die Leistungsbilanzentwicklung dominiert von der Investitionsänderung. Ist das erste Gut relativ kapitalintensiv, so ist mit einer Leistungsbilanzverschlechterung zu rechnen. Ist es hingegen arbeitsintensiv, so kann es nur in Sonderfällen (siehe 5.87) zu einer Passivierung der Leistungsbilanz kommen.

6 Sektorneutraler technischer Fortschritt

6.1 Temporärer technischer Fortschritt in Periode 1

6.1.1 Produktions-, Investitions- und Konsumeffekte

Die Analyse in diesem Kapitel beginnt mit einer Hicks-neutralen Effizienzsteigerung in der Gegenwart, die in beiden Sektoren die gleiche relative Stärke aufweist, so daß folgende Beziehung gilt.

$\hat{A}_{11} = \hat{A}_{21} \equiv \hat{A}_{t1}$ [1]

Die Produktivitätsparameter der zweiten Periode bleiben hingegen unverändert. Um die Anpassungen der Unternehmen an die gestiegenen Faktorproduktivitäten in der Gegenwart abzuleiten, ist das System der Gleichgewichtsbedingungen (3.1) bis (3.4), (3.6), (3.7) sowie (3.20) bis (3.26) nach den 13 für den Unternehmenssektor endogenen Variablen $k_{11}, k_{21}, L_{11}, L_{21}, I, k_{12}, k_{22}, L_{12}, L_{22}, x_{11}, x_{21}, x_{12}, x_{22}$ und nach A_{t1} total zu differenzieren und für die Änderungen der endogenen Variablen zu lösen.

Ein erstes Ergebnis der Produktivitätsverbesserung wird sein, daß die Stückkosten der Produktion in jedem Sektor mit der gleichen Rate sinken. Aufgrund der bei unveränderten Güterpreisen erhöhten Stückgewinne werden die Unternehmen in beiden Sektoren bestrebt sein, ihre Produktion zusätzlich zu dem Produktivitätsgewinn auch über einen zusätzlichen Faktoreinsatz zu erhöhen. Letzteres wird einen Wettbewerb beider Sektoren um die Produktionsfaktoren einleiten, der allerdings nur dazu führt, daß die Wertgrenzprodukte beider Faktoren proportional zur Produktivitätssteigerung zunehmen, so daß das gesamtwirtschaftliche Lohn-Zins-Verhältnis konstant bleibt. Aus diesem Grund gibt es auch keinen Anlaß für die Unternehmen, von ihren bisherigen optimalen Kapitalintensitäten abzuweichen. Diese Argumentation kann anhand der Optimalitätsbedingungen (3.20) bis (3.21) im dritten Kapitel nachvollzogen werden. Da sich beide Effizienzparameter proportional verändern, wird die Bedingung, daß die Wertgrenzprodukte der Arbeit (3.20) und des Kapitals (3.21) ausgeglichen sein müssen, nach dem Produktivitätsgewinn ebenfalls erfüllt sein, ohne daß es einer Anpassung der sektoralen Kapitalintensitäten bedarf. Ändern sich die Kapitalintensitäten der beiden Sektoren nicht, so werden - wie aus der Gleichung (3.25) hervorgeht - bei konstanten Beständen an Arbeit und Kapital in der ersten Periode die

---

[1] Es wird vereinfachend davon ausgegangen, daß die Effizienzparameter in beiden Sektoren gleiche Anfangswerte hatten, so daß $A_{11}=A_{21}=A_{t1}$ gilt.

Arbeitseinsätze in beiden Sektoren auf ihrem bisherigen Niveau verharren.

Die Konsequenz dieser Vorgänge ist allerdings, daß auch bei unveränderten sektoralen Kapitalintensitäten der Lohnsatz (λ_1) und der Kapitalnutzungspreis (λ_3) proportional zum Produktivitätsparameter zunehmen werden.[2] Der Einkommenszuwachs, den der technische Fortschritt ermöglicht, wird also ohne eine Reallokation der Produktionsfaktoren auf beide Faktoren und Sektoren gleichmäßig verteilt. Dies ist nachzuvollziehen, wenn die gesamtwirtschaftliche Einkommensentwicklung betrachtet wird. Hierzu sind die Outputeffekte zu untersuchen.

Die Outputänderungen, die sich ergeben, lauten:

$$\frac{dx_{11}}{dA_{t1}} = L_{11}f_{11} \tag{6.1}$$

$$\frac{dx_{21}}{dA_{t1}} = L_{21}f_{21} \tag{6.2}$$

Die prozentuale Outputänderung jedes Sektors wird bei linear-homogenen Produktionsfunktionen von dem Wachstum des Effizienzparameters, des Arbeitseinsatzes und dem Produkt aus Kapitalproduktivität und Wachstumsrate der Kapitalintensität bestimmt.

$$\hat{x}_{11} = \hat{A}_{t1} + \hat{L}_{11} + \theta_{K1}\hat{k}_{11} \tag{6.3}$$

$$\hat{x}_{21} = \hat{A}_{t1} + \hat{L}_{21} + \theta_{K2}\hat{k}_{21} \tag{6.4}$$

θ_{Ki} ist die Produktionselastizität des Kapitals im Sektor i. Da - wie weiter oben erläutert wurde - die gesamtwirtschaftliche Relation zwischen Lohnsatz und Kapitalnutzungspreis unverändert bleibt, werden in jedem Sektor die Kapitalintensität und der Arbeitseinsatz konstant bleiben. Damit kann die Outputänderung allein auf die Änderung des Effizienzparameters A_{t1} zurückgeführt werden, wobei die Elastizität des Outputs eines jeden Sektors i in bezug auf Änderungen des Effizienzparameters gleich Eins ist. Während also ein sektorspezifischer technischer Fortschritt dazu führt, daß der begünstigte Sektor zu Lasten des anderen expandiert, werden bei gesamtwirtschaftlichen Produktivitätsverbesserungen, die für jeden Sektor gleich stark sind, beide Sektoren gleichmäßig vom technischen Fortschritt profitieren.

---

2 Siehe hierzu die Gleichungen (3.11) bis (3.14).

$$x_{11} = x_{11}\left(\overset{-}{p}_1, \overset{+}{A}_{t1}, \ldots\right) \qquad (6.5)$$

$$x_{21} = x_{21}\left(\overset{+}{p}_1, \overset{+}{A}_{t1}, \ldots\right) \qquad (6.6)$$

In Wachstumsraten ausgedrückt ergibt sich:

$$\hat{x}_{11} = \hat{A}_{t1} + \varepsilon_{11}\hat{p}_1 \qquad (6.7)$$

$$\hat{x}_{21} = \hat{A}_{t1} + \varepsilon_{21}\hat{p}_1, \qquad (6.8)$$

Solange die relativen Güterpreise in der zweiten Periode unverändert bleiben, wird die Investitionsnachfrage der Unternehmen von diesen Vorgängen allerdings nicht beeinflußt, da es sich nur um einen temporären technischen Fortschritt handelt und damit der Anstieg des Wertgrenzprodukts des Kapitals auf die Gegenwart beschränkt bleibt. Dies verändert demzufolge nicht die Bedingungen für den optimalen intertemporalen Kapitaleinsatz.

$$\frac{dI}{dA_{t1}} = 0 \qquad (6.9)$$

Die Investitionsfunktion lautet:

$$I = I\left(\overset{?}{p}_2, \overset{0}{A}_{t1}, \ldots\right)^{3} \qquad (6.10)$$

Da weder die Investitionen auf den temporären Produktivitätsanstieg reagieren und zunächst von Änderungen der Güterpreise bzw. der Technologieparameter in der Zukunft abgesehen wird, bleiben auch die Bedingungen für den optimalen intratemporalen Faktoreinsatz für die zweite Periode von den Vorgängen in der Gegenwart unbeeinflußt. Die Angebotsfunktionen in der zweiten Periode werden damit von der temporären Effizienzsteigerung nicht berührt.

$$\frac{dx_{12}}{dA_{t1}} = 0 \qquad (6.11)$$

---

[3] Zur Reaktion der Investitionen auf eine Änderung von p_2 siehe Gleichung (3.45) und die Ausführungen hierzu in Kapitel 3.1.

$$\frac{dx_{22}}{dA_{t1}} = 0 \tag{6.12}$$

Bei konstanten relativen Preisen wird durch den technischen Fortschritt das Vermögen der Volkswirtschaft steigen, wobei der Zuwachs dem Produktionswert in der Gegenwart entspricht.

$$\frac{dW}{dA_{t1}} = \frac{x_{11} + p_1 x_{21}}{A_{t1}} \tag{6.13}$$

Die Wachstumsrate des Vermögens beträgt

$$\frac{dW}{dA_{t1}} \frac{A_{t1}}{W} = \frac{x_{11} + p_1 x_{21}}{W} \equiv \alpha_{t1} \tag{6.14}$$

und ist - sofern auch in der zweiten Periode produziert wird kleiner als Eins, so daß der Vermögenszuwachs hinter dem Produktivitätsgewinn zurückbleibt.

Berücksichtigt man (6.14) zusammen mit den preisbedingten Veränderungen des Vermögens in den Nachfragegleichungen, so ergeben sich folgende Konsumeffekte:

$$\hat{c}_{11} = (\beta_1\phi - \beta_1\gamma\sigma)\hat{p}_1 + \gamma\sigma\beta_2\hat{p}_2 + \alpha_{t1}\hat{A}_{t1} \tag{6.15}$$

$$\hat{c}_{21} = -[(1-\beta_1)\phi + \gamma\sigma\beta_1]\hat{p}_1 + \gamma\sigma\beta_2\hat{p}_2 + \alpha_{t1}\hat{A}_{t1} \tag{6.16}$$

$$\hat{c}_{12} = (1-\gamma)\sigma\beta_1\hat{p}_1 + [\beta_2\phi - \beta_2(1-\gamma)\sigma]\hat{p}_2 + \alpha_{t1}\hat{A}_{t1} \tag{6.17}$$

$$\hat{c}_{22} = (1-\gamma)\sigma\beta_1\hat{p}_1 - [(1-\beta_2)\phi + (1-\gamma)\sigma\beta_2]\hat{p}_2 + \alpha_{t1}\hat{A}_{t1} \tag{6.18}$$

Aufgrund der Annahme homothetischer intratemporaler und intertemporaler Nutzenfunktionen steigt die Nachfrage in beiden Perioden proportional zum Vermögen, während das Vermögen nur unterproportional zum Effizienzparameter A_{t1} zunimmt. Zugleich wird aber das Angebot beider Güter in der Gegenwart proportional zum Effizienzparameter steigen, während in der Zukunft keine Angebotsreaktionen stattfinden.

6.1.2 Die Entwicklung der realen Wechselkurse

Das Ergebnis der Produktions- und Konsumeffekte ist bei noch unveränderten relativen Güterpreisen, daß auf dem Markt für nicht gehandelte

Güter in Periode 1 bei gestiegenem Angebot und unterproportionalem Zuwachs der Nachfrage ein Angebotsüberschuß vorliegt, während in Periode 2 bei unveränderten Güterangeboten ein Nachfrageüberschuß existiert.

Dies geht auch aus den um den sektorneutralen Fortschritt erweiterten Gleichgewichtsbedingungen hervor. In Gleichung (6.19) ist die rechte Seite positiv, was gleichbedeutend mit einem Überschußangebot ist, während die rechte Seite der Gleichung (6.20) negativ ist, was eine Überschußnachfrage kennzeichnet.

$$\text{G1: } -\left[(1-\beta_1)\phi+\gamma\sigma\beta_1+\varepsilon_{21}\right]\hat{p}_1+\left[\sigma\gamma\beta_2\right]\hat{p}_2=\left[1-\alpha_{t1}\right]\hat{A}_{t1} \qquad (6.19)$$

$$\text{G2: } \left[(1-\gamma)\sigma\beta_1\right]\hat{p}_1-\left[(1-\beta_2)\phi+\beta_2(1-\gamma)\sigma+\varepsilon_{22}\right]\hat{p}_2=-\alpha_{t1}\hat{A}_{t1} \qquad (6.20)$$

In Abbildung 6.1 werden beide Gleichgewichtskurven nach links verschoben, was sich wie folgt begründen läßt: In der ersten Periode muß auf dem Markt für nicht gehandelte Güter der Angebotsüberschuß beseitigt werden. Hierzu sind Anpassungen der relativen Preise erforderlich. Bei einem konstanten p_1 kann das neue Gleichgewicht nur über eine reale Aufwertung in der Zukunft erreicht werden. Der hierdurch steigende reale Diskontfaktor wird über den intertemporalen Substitutionseffekt eine höhere Nachfrage nach Gütern in der Gegenwart nach sich ziehen.

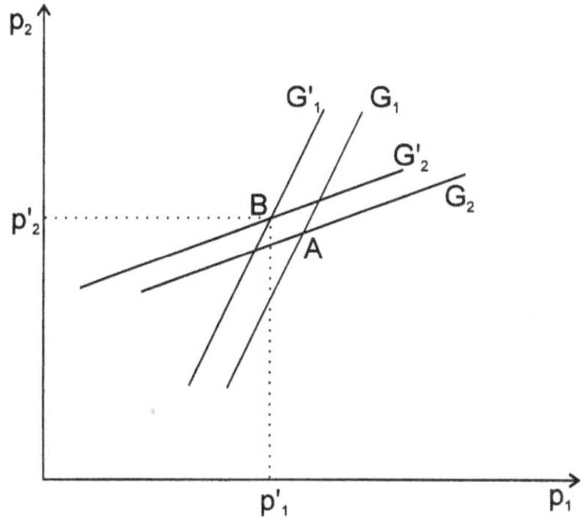

Abb. 6.1: Konsequenzen eines temporären sektorneutralen technischen Fortschritts für die realen Wechselkurse

Alternativ muß bei konstantem p_2 der relative Preis des nicht gehandelten Gutes in der ersten Periode sinken. Auf diese Weise wird sowohl das Angebot des zweiten Gutes zurückgehen als auch die Nachfrage zunehmen, wobei der Nachfragerückgang das Ergebnis des Zusammenwirkens von intertemporalen und intratemporalen Substitutionseffekten ist.

Die Überschußnachfrage in der zweiten Periode kann bei gegebenem relativen Preis derselben Periode über eine reale Abwertung in Periode 1 beseitigt werden, die über den intertemporalen Substitutionseffekt eine Verbilligung des Gegenwartskonsums auslöst und auf diese Weise zu einem zurückgehenden realen Zukunftskonsum führt.

Wird hingegen der Preis p_1 konstant gehalten, so muß p_2 steigen, um über eine Ausweitung des Angebots des zweiten Gutes sowie eine aufgrund von intertemporalen und intratemporalen Substitutionseffekten sinkende Nachfrage ein neues Gleichgewicht hervorzubringen.

Da beide Gleichgewichtskurven nach links verschoben werden, ist nicht von vornherein klar, welche Preisreaktionen eintreten. Denkbar ist, daß in beiden Perioden eine reale Abwertung oder eine reale Aufwertung erfolgt. Möglich ist auch, daß der relative Preis des nicht gehandelten Gutes in der Gegenwart fällt und in der Zukunft steigt. Dies wird aus der Lösung des Gleichgewichtssystems (6.19) und (6.20) ersichtlich.

$$\hat{p}_1 = \frac{(1-\alpha_{t1})\left[(1-\beta_2)\phi + \beta_2\sigma + \varepsilon_{22}\right] - \gamma\beta_2\sigma}{\Delta} A_{t1} \qquad (6.21)$$

$$\hat{p}_2 = \frac{\alpha_{t1}\left[(1-\beta_1)\phi + \beta_1\sigma + \varepsilon_{21}\right] - (1-\gamma)\beta_1\sigma}{\Delta} A_{t1} \qquad (6.22)$$

mit $\Delta = \left[(1-\beta_1)\phi + \varepsilon_{21}\right]\left[(1-\beta_2)\phi + (1-\gamma)\sigma\beta_2 + \varepsilon_{22}\right] + \gamma\sigma\beta_1\left[(1-\beta_2)\phi + \varepsilon_{22}\right]$.

Während der erste Summand des Zählers in (6.21) und (6.22) jeweils ein positives Vorzeichen hat, ist der zweite Summand negativ. Die Preisreaktionen in beiden Perioden werden - neben weiteren Faktoren wie den Angebots- und Substitutionselastizitäten - insbesondere durch α_{t1} geprägt. Je höher der Wertschöpfungsanteil in der Gegenwart ist, um so eher ist mit einer realen Aufwertung in der zweiten und einer realen Abwertung in der ersten Periode zu rechnen.

Je höher der Anteil des Gegenwartseinkommens am Gesamtvermögen der Volkswirtschaft ist, um so höher wird die Überschußnachfrage in der zweiten und um so geringer der Angebotsüberschuß in der ersten Periode sein. In Periode 2 wird dann ceteris paribus eine relativ starke Preiserhöhung beim nicht gehandelten Gut einsetzen müssen, um den Nachfrageüberhang abzubauen.[4] Diese reale Aufwertung erhöht das Preisniveau in der Zukunft und löst einen intertemporalen Substitutionseffekt aus, der den realen Gegenwartskonsum erhöht. Die Stärke dieses Effektes hängt von den kompensierten intertemporalen Nachfrageelastizitäten ab, die ihrerseits von σ und γ bestimmt werden.[5]

Ist die intertemporale Substitutionselastizität σ relativ gering, so wird der Preisanstieg in Periode 2 wegen der geringen Verlagerung des realen Konsums von der Zukunft in die Gegenwart relativ stark ausfallen. Für die Situation auf dem Markt der nicht gehandelten Güter in der ersten Periode bedeutet dies zugleich, daß zu dem anfänglich vorhandenen geringen Angebotsüberschuß ein ebenfalls geringer Nachfrageanstieg hinzukommt, so daß es gegebenenfalls keiner Änderung des relativen Preises in Periode 1 bedarf. Bei extrem geringer intertemporaler Substitutionselastizität kann das Überschußangebot in Periode 1 sogar bestehen bleiben, so daß in der Gegenwart eine reale Abwertung nötig wäre, um das Gleichgewicht wiederherzustellen.

Ist allerdings die intertemporale Substitutionselastizität relativ hoch, so kann der Preisanstieg in der Zukunft geringer ausfallen. Auf dem Markt für Nichthandelsgüter in Periode 1 wird der anfängliche Angebotsüberschuß dann in einen Nachfrageüberschuß verwandelt, so daß der relative Preis p_1 ebenfalls steigen müßte.

Nach diesen generellen Überlegungen sei der Fall behandelt, daß die Leistungsbilanzen ausgeglichen waren, bevor die Produktivitätsverbesserung in der Gegenwart einsetzte. Für die erste Periode impliziert dies, daß das Einkommen Y_1 der Summe aus dem gesamtwirtschaftlichen Konsum E_1 und der Investition Z entspricht. Bezieht man diese drei Größen auf das Vermögen W, so ergibt sich:

$$\alpha_{t1} = 1 - \gamma + \frac{Z}{W} \tag{6.23}$$

Dieser Ausdruck kann in die beiden Preisgleichungen eingesetzt werden. Es gilt dann:

---

4 In Abbildung 6.1 wird die G_2-Kurve um so stärker nach oben verschoben, je größer α_{t1} ist. Natürlich werden auch die Angebotselastizität und die intratemporale Nachfrageelastizität einen Einfluß auf die Lage der Gleichgewichtskurve in der zweiten Periode haben. Je geringer diese Elastizitäten sind, um so höher muß der anfängliche Preisanstieg sein.

5 Vgl. hierzu die Ausführungen in Kapitel 3.2.

$$\hat{p}_1 = \frac{\left(\frac{Z}{W} - \gamma\right)\left[(1-\beta_2)\phi + \varepsilon_{22}\right] + \frac{Z}{W}\beta_2\sigma}{\Delta} A_{t1} \tag{6.24}$$

Sofern man negative Investitionen ausschließt, wird p_1 zunehmen, konstant bleiben oder fallen, wenn

$$\sigma \gtreqless \frac{\left(\gamma - \frac{Z}{W}\right)\left[(1-\beta_2)\phi + \varepsilon_{22}\right]}{\frac{Z}{W}\beta_2} \tag{6.25}$$

ist. Das Vorzeichen des Ausdrucks auf der rechten Seite wird von dem Verhältnis bestimmt, in dem der Zukunftskonsum und die Investitionen zueinander stehen. Bei einer hohen gesellschaftlichen Zeitpräferenzrate und einem dementsprechend geringen Anteil für Zukunftskonsum und/oder einer relativ hohen gesamtwirtschaftlichen Investition in der Ausgangssituation wird die rechte Seite in (6.25) negativ. Da die intertemporale Substitutionselastizität positiv ist, wird in diesem Fall eine reale Aufwertung in Periode 1 eintreten. Ist hingegen γ größer als Z/W, so wird eine geringe intertemporale Substitutionselastizität zu einer realen Abwertung in der Gegenwart führen.

Für die Preisänderung in der Zukunft gilt:

$$\hat{p}_2 = \frac{\left((1-\gamma) + \frac{Z}{W}\right)\left[(1-\beta_1)\phi + \varepsilon_{21}\right] + \frac{Z}{W}\beta_1\sigma}{\Delta} A_{t1} \tag{6.26}$$

Somit gibt es in Periode 2 bei anfänglich ausgeglichenen Leistungsbilanzen eine eindeutige reale Aufwertung, vorausgesetzt die Investitionsnachfrage wird nicht negativ.

Zur Herleitung des Verhältnisses der beiden relativen Preisänderungen wird unterstellt, daß die Ausgabenanteile in beiden Perioden übereinstimmen (β_1=β_2=β). In diesem Fall gilt:

$$\hat{p}_2 - \hat{p}_1 = \frac{\alpha_{t1}\varepsilon_{21} + (1-\alpha_{t1})\varepsilon_{22} + (1-\beta)\phi}{\Delta'} A_{t1} \tag{6.27}$$

mit $\Delta' = \left[(1-\beta)\phi + \varepsilon_{21}\right]\left[(1-\beta)\phi + (1-\gamma)\sigma\beta + \varepsilon_{22}\right] + \gamma\sigma\beta\left[(1-\beta)\phi + \varepsilon_{22}\right]$

Da das Vorzeichen des realen Diskontfaktors mit dem der Differenz der relativen Preisänderungen übereinstimmt und alle Summanden des Zählers in Gleichung (6.27) positiv sind, wird R_H steigen. Dies kann anhand der Abbildung 6.1 verdeutlicht werden. Verbindet man den Ursprung mit dem alten Gleichgewichtspunkt A, so werden alle neuen Gleichgewichte, die mit einem Anstieg des realen Diskontfaktors einhergehen, links dieser Verbindungslinie liegen. Da sich als Folge des technischen Fortschritts in der Gegenwart beide Gleichgewichtskurven nach links verschieben, muß der neue Gleichgewichtspunkt B innerhalb eines Bereiches liegen, der durch die Schnittmenge aller Punkte gebildet wird, die links beider Gleichgewichtskurven liegen. Damit wird dieser Punkt aber auch links der Verbindungslinie zwischen Ursprung und Punkt A liegen, so daß der Realzins sinkt.

6.1.3 Leistungsbilanzwirkungen des temporären technischen Fortschritts

Die gleichgewichtigen Preisänderungen können nunmehr zur Herleitung der Leistungsbilanzreaktion verwendet werden. Diese ist eine Funktion der relativen Preise beider Perioden sowie des Produktivitätsparameters α_{t1}.

$$b_1 = Y_1(p_1, A_{t1}) - P_1(p_1)C_1(R_H, W_r) - Z(p_2) \tag{6.28}$$

Das Einkommen in der Gegenwart wird sowohl von dem technischen Fortschritt als auch der daraufhin einsetzenden Preisänderung beeinflußt.

$$\frac{dY_1}{W} = \beta(1-\gamma)\hat{p}_1 + \alpha_{t1}\hat{A}_{t1} \tag{6.29}$$

Einkommenserhöhend wirkt der technische Fortschritt selbst, und zwar um so stärker, je höher der Anteil des Einkommens am Gesamtvermögen anfänglich war. Da die Relativpreisänderung nicht eindeutig ist, scheint auch eine Einkommenssenkung denkbar. Die Wahrscheinlichkeit hierfür ist allerdings sehr gering, wie folgende Überlegungen verdeutlichen. Eine reale Abwertung in Periode 1 wird nur dann zustande kommen, wenn in Bedingung (6.25) das „<"-Zeichen gilt. Dieser Fall wird ceteris paribus um so eher eintreten, je höher der Anteil des zukünftigen Konsums an den gesamten Konsumausgaben der Haushalte (γ) ist. Logischerweise wird dann aber ($1-\gamma$) niedriger ausfallen und damit auch der negative Einfluß, den eine Preissenkung in Periode 1 auf das Einkommen Y_1 hat - wie Gleichung (6.29) verdeutlicht.

Auf die nominalen Konsumausgaben in der Gegenwart wirken drei Faktoren: Änderungen des Effizienzparameters, des realen Diskontfaktors und des Preisniveaus.

$$\frac{dE_1}{W} = (1-\gamma)\left[\beta\hat{p}_1 + \beta\gamma\sigma\left[\hat{p}_2 - \hat{p}_1\right] + \alpha_{t1}\hat{A}_{t1}\right] \tag{6.30}$$

Der Produktivitätsanstieg in der Gegenwart wird das Vermögen der Volkswirtschaft erhöhen und damit auch die Konsumausgaben steigen lassen, wobei die Stärke dieses Effektes von dem Anteil des Gegenwartskonsums an den gesamten Konsumausgaben abhängt. Der reale Konsum C_1 reagiert auf den realen Diskontfaktor. Da dieser auf jeden Fall zunimmt, geht auch von dieser Einflußgröße ein positiver Effekt auf die nominalen Konsumausgaben E_1 aus. Bei einem gegebenen realen Gegenwartskonsum C_1 spielt letztlich die Entwicklung des Preisniveaus in der Gegenwart eine Rolle, die unmittelbar die nominalen Konsumausgaben determiniert. Das Preisniveau ist bei einem vom Weltmarkt vorgegebenen Preis des gehandelten Gutes nur von der Preisentwicklung der nicht gehandelten Güter abhängig. Wie die obigen Überlegungen gezeigt haben, kann keine eindeutige Änderung des relativen Preises p_1 ausgemacht werden. Gilt das „>"-Zeichen in Bedingung (6.25), so werden die Ausgaben in der Gegenwart zunehmen.

Sollte in der Gegenwart eine reale Abwertung eintreten, so werden hiervon das Einkommen und die Konsumausgaben in gleichem Umfang berührt, so daß von dieser Seite kein Effekt auf die Ersparnis in Periode 1 ausgeht. Dies verdeutlicht Gleichung (6.31).

$$\frac{dS_1}{W} = \frac{dY_1}{W} - \frac{dE_1}{W} = -(1-\gamma)\gamma\beta\sigma\left[\hat{p}_2 - \hat{p}_1\right] + \gamma\alpha_{t1}\hat{A}_{t1} \tag{6.31}$$

Die Ersparnis S_1 wird auf die Preisentwicklungen und den technischen Fortschritt reagieren. Der Anstieg des realen Diskontfaktors wirkt eindeutig negativ auf die Ersparnis der Gegenwart, da er den realen Gegenwartskonsum ansteigen läßt. Die Produktivitätsverbesserung erhöht die Gegenwartsersparnis. Der Grund hierfür liegt darin, daß der technische Fortschritt vollständig in der ersten Periode stattfindet, und somit der Anstieg des Vermögens allein auf die Erhöhung des Gegenwartseinkommens zurückzuführen ist. Der Vermögensanstieg wird aber nur zum Teil in der ersten Periode nachfragewirksam, und zwar nach Maßgabe des Anteils 1-γ. Der übrige Teil wird gespart, so daß γ auch als marginale Sparneigung bezogen auf das Vermögen W bezeichnet werden kann.

Um herauszufinden, welcher der beiden gegenläufigen Effekte stärker ist, ist der gleichgewichtige Wert für den realen Diskontfaktor in (6.31) einzusetzen. Ferner wird wiederum bei den folgenden Berechnungen die Annahme getroffen, daß die Leistungsbilanzen beider Perioden anfänglich ausgeglichen waren, so daß (6.23) Gültigkeit besitzt. Nach einigen Umformungen ergibt sich als Ersparnisänderung:

$$\frac{dS_1}{W} = \frac{\gamma}{\Delta'}\left[(1-\beta)\phi + \varepsilon_{22}\right]\left\{\frac{Z}{W}\left[(1-\beta)\phi + \sigma\beta + \varepsilon_{21}\right] + (1-\gamma)\left[(1-\beta)\phi + \varepsilon_{21}\right]\right\}\hat{A}_{t1} \quad (6.32)$$

Hieraus ergibt sich ein eindeutiger Anstieg der Ersparnis in der Gegenwart als Folge des temporären technischen Fortschritts. Der fallende Realzins kann also niemals eine so starke Wirkung besitzen, daß die vermögensbedingte Erhöhung der Ersparnis überkompensiert wird.

Die Investitionen werden bei einem temporären technischen Fortschritt allein von dem relativen Güterpreis in der zweiten Periode abhängen, so daß sich die Analyse folgendermaßen gestaltet.

$$\frac{dZ}{W} = \frac{Z}{W}\varepsilon_{Z2}\hat{p}_2 \quad (6.33)$$

Geht man von anfänglich ausgeglichenen Leistungsbilanzen aus, so wird in der zweiten Periode eine reale Aufwertung eintreten. Die Investitionsentwicklung hängt damit nur noch von der Elastizität ε_{Z2} ab, die ihrerseits von der Relation der sektoralen Kapitalintensitäten determiniert wird. Ist der zweite Sektor relativ kapitalintensiv (arbeitsintensiv), so werden die gesamtwirtschaftlichen Investitionen zunehmen (fallen).

Die Leistungsbilanz der ersten Periode entspricht der Differenz aus der Ersparnis und den gesamten Investitionsausgaben. Unter Berücksichtigung von Gleichung (6.26) ergibt sich für die Änderung des Leistungsbilanzsaldos:

$$\frac{db_1}{W} = \frac{\left[(1-\beta)\phi + \varepsilon_{21}\right]\left[1-\gamma+\frac{Z}{W}\right] + \frac{Z}{W}\beta\sigma}{\Delta'}\left\{\gamma\left[(1-\beta)\phi + \varepsilon_{22}\right] - \frac{Z}{W}\varepsilon_{Z2}\right\}\hat{A}_{t1} \quad (6.34)$$

Der erste Faktor in (6.34) nimmt eindeutig einen positiven Wert an. Das Vorzeichen der Leistungsbilanzreaktion wird somit allein von dem Ausdruck in der geschweiften Klammer bestimmt.

$$\frac{db_1}{\hat{A}_{t1}} \gtreqless 0\text{, wenn } \gamma\left[(1-\beta)\phi + \varepsilon_{22}\right] \gtreqless \frac{Z}{W}\varepsilon_{Z2} \quad (6.35)$$

Da $\gamma\left[(1-\beta)\phi + \varepsilon_{22}\right]$ positiv ist, wird in der Gegenwart eine Verbesserung der Leistungsbilanz eintreten, wenn die Preiselastizität der Investitionsausgaben negativ ist. Dies impliziert, daß Gut 2 das arbeitsintensive Gut ist. Da in der Zukunft eine reale Aufwertung als Konsequenz des temporären technischen Fortschritts einsetzt, wird sich der Barwert des zukünftigen Kapitalnutzungspreises reduzieren, und die Investitionen werden sinken. Da die Ersparnis in Periode 1 zweifelsfrei zunimmt, verbessert sich die Leistungsbilanz.

Wird jedoch Gut 2 relativ kapitalintensiv produziert (ε_{Z2} ist positiv), ist keine eindeutige Leistungsbilanzreaktion zu ermitteln. Diese hängt von den Werten der Parameter in (6.35) ab. Sofern die gesamtwirtschaftlichen Investitionen nur schwach auf zukünftige Relativpreisänderungen reagieren, ist eine Aktivierung der Leistungsbilanz wahrscheinlich. Gleiches ist zu erwarten, wenn ε_{22}, ϕ und γ vergleichsweise große Werte annehmen. Je größer ϕ ist, um so höher ist auch die intratemporale Nachfrageelastizität des zweiten Gutes. Hohe Angebots- und Nachfrageelastizitäten in der zweiten Periode implizieren aber eine verhältnismäßig geringe Erhöhung des realen Diskontfaktors und wirken somit stark ersparniserhöhend. Ein geringer γ-Wert impliziert eine geringe intertemporale Substitutionselastizität, so daß Realzinserhöhungen den Gegenwartskonsum nur geringfügig ansteigen lassen, was sich ebenfalls positiv auf die Ersparnis auswirkt.

6.2 Erwarteter technischer Fortschritt in Periode 2

6.2.1 Produktions-, Investitions- und Konsumeffekte

Betrachtet wird nunmehr ein sektorneutraler technischer Fortschritt, der für die Zukunft erwartet wird und der von den Wirtschaftssubjekten korrekt antizipiert wird. Ferner wird davon ausgegangen, daß die Erhöhung des Effizienzparameters in beiden Sektoren die gleiche relative Stärke aufweist.

$$\hat{A}_{12} = \hat{A}_{22} \equiv \hat{A}_{t2}$$

Ein erst für die Zukunft erwarteter Anstieg der gesamtwirtschaftlichen Produktivität hat im Modell keine Auswirkungen auf die Bedingungen für den optimalen Faktoreinsatz in der Gegenwart, solange die Güterpreise unverändert bleiben. Es gibt somit keinen Grund für die Unternehmen, von ihren bisherigen Faktoreinsatzplanungen in Periode 1 abzuweichen. Bei unveränderten sektoralen Kapitalintensitäten und Arbeitseinsätzen wird folglich keinerlei Outputänderung zu beobachten sein.

$$\frac{dx_{11}}{dA_{t2}} = 0 \tag{6.36}$$

$$\frac{dx_{21}}{dA_{t2}} = 0 \tag{6.37}$$

Die Planungen der Unternehmen für die zweite Periode werden allerdings von einem zukünftig erwarteten technischen Fortschritt betroffen. Die faktor- und sektorneutrale Produktivitätsverbesserung wird bei konstanten Güterpreisen die Wertgrenzprodukte des Kapitals und der Arbeit in beiden Sektoren proportional steigen lassen. Jede erwartete Erhöhung des zukünftigen Wertgrenzprodukts des Kapitals wird aber die Investitionstätigkeit der Unternehmen erhöhen, was in Gleichung (6.38) zum Ausdruck kommt.

$$\frac{dI}{dA_{t2}} = \frac{RK_1 f'_{12}}{g} \tag{6.38}$$

Höhere Investitionen führen zu einem gegenüber der Ausgangssituation gestiegenen Kapitalstock in Periode 2. Da die sektoralen Kapitalintensitäten unverändert sind, muß es bei einer Zunahme der gesamtwirtschaftlichen Kapital-Arbeits-Relation (K_2/L_2) zu einer Umschichtung des Faktors Arbeit vom arbeitsintensiven in den kapitalintensiven Sektor kommen. Die Konstanz der sektoralen Kapitalintensitäten verlangt auch, daß der arbeitsintensive Sektor Kapital abgibt. Der Sektor mit der höheren Kapitalintensität wird damit sowohl das neu investierte Kapital aufnehmen als auch Kapital aus dem anderen Sektor abziehen. Das Ergebnis dieses reinen Rybczynski-Effekts ist eine höhere Produktion im kapitalintensiven Sektor, während der arbeitsintensive Sektor sein Angebot verringert. [6]

Neben den Outputwirkungen des Rybczynski-Effekts sind die Produktivitätsgewinne zu berücksichtigen. Diese wirken sich angebotserhöhend in beiden Sektoren aus, da es sich um einen sektor- und faktorneutralen technischen Fortschritt handelt.

Die beiden Effekte werden in den Gleichungen (6.39) und (6.40) wiedergegeben. Der erste Summand kennzeichnet den Produktivitätsgewinn, der zweite den Rybczynski-Effekt.

$$\frac{dx_{12}}{dA_{t2}} = L_{12} f_{12} + A_{t2} f_{12} \frac{RK_1 f'_{12}}{g(k_{12} - k_{22})} \tag{6.39}$$

---

[6] Vgl. bspw. Wong (1995, 34 ff.).

$$\frac{dx_{22}}{dA_{t2}} = L_{22}f_{22} - A_{t2}f_{22}\frac{RK_1f'_{12}}{g(k_{12} - k_{22})} \tag{6.40}$$

Der kapitalintensive Sektor profitiert sowohl von dem Produktivitätsgewinn als auch von dem hierdurch induzierten Rybczynski-Effekt. Er wird seinen Output erhöhen. Die gesamte Angebotswirkung im arbeitsintensiven Sektor bleibt unklar. Ob der arbeitsintensive Sektor insgesamt schrumpfen kann, d. h. ob es möglich ist, daß im arbeitsintensiven Sektor der Rybczynski-Effekt den Effizienzgewinn in diesem Sektor überkompensieren kann, läßt sich a priori nicht feststellen. Eine Outputsenkung im arbeitsintensiven Sektor wird aber dann möglich sein, wenn die Kapitalintensitäten beider Sektoren nur unwesentlich voneinander abweichen.[7]

Dies liegt daran, daß die gesamtwirtschaftliche Kapital-Arbeits-Relation in der zweiten Periode (K_2/L_2) ein arithmetisches Mittel der mit den Arbeitsanteilen gewichteten sektoralen Kapitalintensitäten ist:

$$\frac{K_2}{L_2} = \frac{L_{12}}{L_2}k_{12} + \frac{L_{22}}{L_2}k_{22}$$

Nimmt die gesamtwirtschaftliche Kapital-Arbeits-Relation zu, so wird bei sehr ähnlichen Kapitalintensitäten in beiden Sektoren der Anteil der Arbeit, die im kapitalintensiven Sektor beschäftigt ist, sehr stark steigen müssen, während der Anteil der Arbeit im arbeitsintensiven Sektor entsprechend deutlich zurückgehen muß. Diese Reallokation der Faktoren beim Rybczynski-Effekt wird einen starken Outputrückgang mit sich bringen, der die Produktivitätsverbesserung zunichte macht.

Als prozentuale Outputänderungen ergeben sich:

$$\hat{x}_{12} = \varepsilon_{12}\hat{p}_2 + \varepsilon_{1At2}\hat{A}_{t2} \tag{6.41}$$

$$\hat{x}_{22} = \varepsilon_{22}\hat{p}_2 + \varepsilon_{2At2}\hat{A}_{t2} \tag{6.42}$$

ε_{iAt2} gibt die Elastizität der Produktion des Sektors i in Periode 2 in bezug auf die zukünftig erwartete Produktivitätserhöhungen an. Für den kapitalintensiven Sektor ist ε_{iAt2} positiv, für den arbeitsintensiven kann sie positiv, negativ oder Null sein. Auf jeden Fall wird die Elastizität für den arbeitsintensiven Sektor kleiner als Eins sein, da die Obergrenze für das Outputwachstum durch die Produktivitätssteigerung gebildet wird.

---

7 Siehe auch die Nenner in den Gleichungen (6.39) und (6.40), die bei ähnlichen Kapitalintensitäten relativ geringe Werte annehmen.

Bei zunächst noch konstant gehaltenen relativen Güterpreisen verändern die Produktivitätsverbesserungen in der Zukunft die Konsummöglichkeiten der privaten Haushalte,

$$\frac{dW}{dA_{t2}} = \frac{R(x_{12} + p_2 x_{22})}{A_{t2}} \tag{6.43}$$

[8]

wobei die Wachstumsrate des Vermögens

$$\frac{dW}{dA_{t2}} \frac{A_{t2}}{W} = \frac{R(x_{12} + p_2 x_{22})}{W} \equiv \alpha_{t2} \tag{6.44}$$

beträgt. Sofern in beiden Perioden produziert wird, bleibt der Vermögenszuwachs hinter dem Produktivitätszuwachs zurück, d. h. $\alpha_{t2} < 1$.

Die Haushalte werden bei ihren Planungen auch die Einkommensentwicklung zukünftiger Perioden berücksichtigen. Der von ihnen korrekt antizipierte Einkommenszuwachs in Periode 2 wird sie veranlassen, bereits in der Gegenwart ihre Konsumnachfrage zu erhöhen. Bei homothetischen intertemporalen und intratemporalen Nutzenfunktionen wird die Nachfrage proportional zum Vermögenszuwachs steigen.

$$\hat{c}_{11} = (\beta_1\phi - \beta_1\gamma\sigma)\hat{p}_1 + \gamma\sigma\beta_2\hat{p}_2 + \alpha_{t2}\hat{A}_{t2} \tag{6.45}$$

$$\hat{c}_{21} = -[(1-\beta_1)\phi + \gamma\sigma\beta_1]\hat{p}_1 + \gamma\sigma\beta_2\hat{p}_2 + \alpha_{t2}\hat{A}_{t2} \tag{6.46}$$

$$\hat{c}_{12} = (1-\gamma)\sigma\beta_1\hat{p}_1 + [\beta_2\phi - \beta_2(1-\gamma)\sigma]\hat{p}_2 + \alpha_{t2}\hat{A}_{t2} \tag{6.47}$$

$$\hat{c}_{22} = (1-\gamma)\sigma\beta_1\hat{p}_1 - [(1-\beta_2)\phi + (1-\gamma)\sigma\beta_2]\hat{p}_2 + \alpha_{t2}\hat{A}_{t2} \tag{6.48}$$

6.2.2 Die Entwicklung der realen Wechselkurse

Zusammen mit den Angebotseffekten ergeben sich bei den bisherigen relativen Güterpreisen folgende Konstellationen auf den Märkten für nicht gehandelte Güter. In der ersten Periode bleibt das Angebot des zweiten Gutes unverändert, während die Nachfrage vermögensbedingt zunimmt. Das Resultat ist eine Überschußnachfrage in der ersten Periode.

---

[8] Vereinfachend wird davon ausgegangen, daß die Effizienzparameter beider Sektoren gleiche Ausgangswerte haben.

In der zweiten Periode wird ebenfalls die Nachfrage nach nicht gehandelten Gütern steigen, während die Angebotsreaktion unklar bleibt. Ist die Kapitalintensität im zweiten Sektor höher als im ersten, wird das Angebot überproportional zum gesamtwirtschaftlichen Produktivitätswachstum steigen. Das Vermögen und damit die Konsumgüternachfrage wachsen nur unterproportional zum Produktivitätsanstieg, so daß ein Überschußangebot resultiert. Ist das zweite Gut arbeitsintensiv, so kann ein Überschußangebot auch dann eintreten, wenn ε_{2At2} (der Angebotszuwachs) größer ist als α_{t2} (der Nachfrageanstieg). Ansonsten wird in der zweiten Periode beim nicht gehandelten Gut ein Nachfrageüberschuß vorliegen.

Die Gleichgewichtsbedingungen bringen dies zum Ausdruck.

$$\text{G1:}\ -\left[(1-\beta_1)\phi + \gamma\sigma\beta_1 + \varepsilon_{21}\right]\hat{p}_1 + \left[\sigma\gamma\beta_2\right]\hat{p}_2 = -\alpha_{t2}\hat{A}_{t2} \qquad (6.49)$$

$$\text{G2:}\ \left[(1-\gamma)\sigma\beta_1\right]\hat{p}_1 - \left[(1-\beta_2)\phi + \beta_2(1-\gamma)\sigma + \varepsilon_{22}\right]\hat{p}_2 = \left[\varepsilon_{2At2} - \alpha_{t2}\right]\hat{A}_{t2} \qquad (6.50)$$

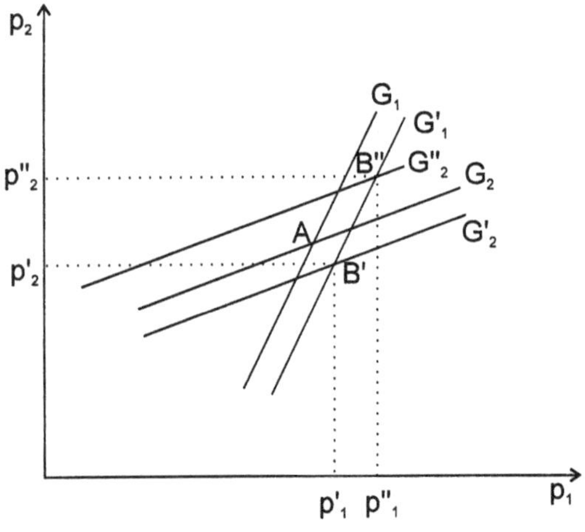

Abb. 6.2: Konsequenzen eines erwarteten sektorneutralen technischen Fortschritts für die realen Wechselkurse

Abbildung 6.2 gibt die Effekte des erwarteten Produktivitätsanstiegs auf die Lage der Gleichgewichtskurven wieder. Da in der Gegenwart eine Überschußnachfrage bei den nicht gehandelten Gütern existiert, muß zur Herstellung eines neuen Gleichgewichts bei unverändertem realen Wechselkurs in der Zukunft der relative Preis p_1 zunehmen, um über eine Angebotserhöhung und eine Nachfragesenkung, die auf intertemporalen und intratemporalen Substitutionseffekten basiert, den Nachfrageüberhang abzubauen. Die G_1-Kurve verlagert sich nach rechts.

Kommt es in der Zukunft auf dem Markt für nicht gehandelte Güter zu einem Angebotsüberschuß, so müßte bei einem gegebenen p_1 in der zweiten Periode eine reale Abwertung einsetzen. Dies würde das Angebot senken und zugleich über den intratemporalen und intertemporalen Substitutionseffekt die Nachfrage erhöhen. Die G_2-Kurve wird in diesem Fall nach rechts bzw. unten verschoben auf G_2'. Wird hingegen in der zweiten Periode eine Überschußnachfrage das Ergebnis des technischen Fortschritts sein, so muß p_2 bei konstantem p_1 steigen, so daß dann die Gleichgewichtskurve nach links auf G_2'' verschoben wird.

Da in der Zukunft auf dem Markt für nicht gehandelte Güter sowohl Angebots- als auch Nachfrageüberschüsse vorliegen können, werden die Preisreaktionen in beiden Perioden nicht eindeutig sein. Im folgenden wird vereinfachend angenommen, daß die Leistungsbilanzen beider Perioden anfänglich ausgeglichen waren, so daß

$$\alpha_{At2} = \gamma \tag{6.51}$$

gilt, d. h. in Periode 2 ist der Anteil des Einkommens gleich dem Anteil der Ausgaben am Vermögen. Es gilt dann für die Änderungen der relativen Preise:

$$\hat{p}_1 = \gamma \frac{\left[(1-\beta_2)\phi + \beta_2\sigma + \varepsilon_{22}\right] - \beta_2\sigma\varepsilon_{2At2}}{\Delta} \hat{A}_{t2} \tag{6.52}$$

$$\hat{p}_2 = \frac{\gamma\left[(1-\beta_1)\phi + \beta_1\sigma + \varepsilon_{21}\right] - \varepsilon_{2At2}\left[(1-\beta_1)\phi + \gamma\beta_1\sigma + \varepsilon_{21}\right]}{\Delta} \hat{A}_{t2} \tag{6.53}$$

mit $\Delta = \left[(1-\beta_1)\phi + \varepsilon_{21}\right]\left[(1-\beta_2)\phi + (1-\gamma)\sigma\beta_2 + \varepsilon_{22}\right] + \gamma\sigma\beta_1\left[(1-\beta_2)\phi + \varepsilon_{22}\right]$.

Die Preisentwicklung in beiden Perioden hängt entscheidend von der Elastizität des Angebots des zweiten Gutes in bezug auf den technischen Fortschritt ab, wie die folgenden Beziehungen zeigen.

$$\hat{p}_1 \overset{>}{\underset{<}{=}} 0 \text{, wenn } \varepsilon_{2At2} \overset{<}{\underset{>}{=}} \frac{\left[(1-\beta_2)\phi + \beta_2\sigma + \varepsilon_{22}\right]}{\beta_2\sigma} \tag{6.54}$$

$$\hat{p}_2 \begin{matrix} > \\ = \\ < \end{matrix} 0\text{, wenn } \varepsilon_{2At2} \begin{matrix} < \\ = \\ > \end{matrix} \gamma \frac{\left[(1-\beta_1)\phi + \beta_1\sigma + \varepsilon_{21}\right]}{\left[(1-\beta_1)\phi + \gamma\beta_1\sigma + \varepsilon_{21}\right]} \qquad (6.55)$$

Der Bruch in (6.54) ist größer als Eins, während er in (6.55) kleiner als Eins ist. Ist das zweite Gut relativ kapitalintensiv und damit ε_{2At2} größer als Eins, so wird auf jeden Fall in der zweiten Periode eine reale Abwertung stattfinden. Der Markt für nicht gehandelte Güter in der Zukunft wird auf diese Weise geräumt. Die Senkung von p_2 reduziert aber gleichzeitig das zukünftige Preisniveau und löst damit einen intertemporalen Substitutionseffekt aus, der den realen Konsum in der Gegenwart reduziert und damit auch die Nachfrage nach nicht gehandelten Gütern. Da die zukünftig erwartete Produktivitätsverbesserung über den Vermögenseffekt einen Nachfrageüberschuß bei Gütern des zweiten Sektors ausgelöst hat, wird dieser über die reale Abwertung in der Zukunft reduziert. Ob die zukünftig erwartete reale Abwertung allerdings ausreicht, um ein neues Gleichgewicht auch in der ersten Periode hervorzubringen, kann nicht gesagt werden. Bei hinreichend geringer intertemporaler Substitutionselastizität wird nach der Senkung von p_2 ein Nachfrageüberschuß in der Gegenwart verbleiben, so daß dann eine reale Aufwertung in Periode 1 erfolgen muß. Hohe σ-Werte dagegen können den anfänglich vorhandenen Nachfrage- in einen Angebotsüberschuß umwandeln, so daß dann eine reale Abwertung in der Gegenwart für ein neues Gleichgewicht erforderlich ist.

Wie aus Gleichung (6.54) ersichtlich, wird eine relativ arbeitsintensive Produktionstechnik im zweiten Sektor ($\varepsilon_{2At2} < 1$) eine reale Aufwertung in der Gegenwart nach sich ziehen. Wie sich der reale Wechselkurs in der Zukunft entwickelt, bleibt hier jedoch unklar. Da der Bruch in (6.55) - sofern die intratemporalen Angebots- und Nachfrageelastizitäten nicht zu geringe Werte annehmen - geringfügig größer ist als Eins, wird die Richtung der relativen Preisänderung maßgeblich von dem Verhältnis zwischen ε_{2At2} und γ (= α_{t2}) bestimmt, d. h. davon, in welchem Verhältnis in Periode 2 der Rybczynski-Effekt und der Produktivitätsgewinn zueinander stehen. Ist der Produktivitätsgewinn gegenüber dem Rybczynski-Effekt dominant, so wird ε_{2At2} geringfügig kleinere Werte als Eins annehmen und bei einer verhältnismäßig hohen Vorliebe der privaten Haushalte für gegenwärtigen Konsum größer sein als γ. Es tritt ein Überschußangebot bei den nicht gehandelten Gütern in der Zukunft ein, so daß der reale Wechselkurs fallen muß. Ist dagegen der Rybczynski-Effekt dominant und ist zugleich ε_{2At2} kleiner als γ, so wird in der zweiten Periode eine Überschußnachfrage die unmittelbare Folge des technischen Fortschritts sein, der auch hier eine reale Aufwertung erfordert.

Nach der Diskussion der Preiseffekte in beiden Perioden sind noch einige Anmerkungen zur Entwicklung des realen Diskontfaktors zu machen, der für die Entwicklung der realen Konsumausgaben eine wichtige Rolle spielt. Daß dessen Änderung nicht eindeutig ist, liegt nach den vorangegangenen Bemerkungen auf der Hand. Dies zeigt Gleichung (6.56), in der von der Annahme Gebrauch gemacht wurde, daß die Anteile der beiden Güter an den Ausgaben in jeder Periode übereinstimmen ($\beta_1=\beta_2=\beta$).

$$\hat{p}_2-\hat{p}_1=\frac{\gamma(\varepsilon_{21}-\varepsilon_{22})-\varepsilon_{2At2}\left[(1-\beta)\phi+\varepsilon_{21}\right]}{\Delta'}\hat{A}_{t2} \tag{6.56}$$

mit $\Delta'=\left[(1-\beta)\phi+\varepsilon_{21}\right]\left[(1-\beta)\phi+(1-\gamma)\sigma\beta+\varepsilon_{22}\right]+\gamma\sigma\beta\left[(1-\beta)\phi+\varepsilon_{22}\right]$

Für die Änderung des realen Diskontfaktors spielen die beiden Preiselastizitäten des Angebots sowie die Elastizität des Angebots des zweiten Gutes auf den technischen Fortschritt eine entscheidende Rolle. Bei identischen (oder auch bei sehr ähnlichen) Angebotselastizitäten in beiden Perioden, ist das Vorzeichen von (6.56) von ε_{2At2} abhängig. Der reale Diskontfaktor wird fallen, wenn das zweite Gut kapitalintensiv ist. Wenn Gut 2 arbeitsintensiv ist und zugleich der Produktivitätsgewinn im zweiten Sektor den Rybczynski-Effekt dominiert, kommt es ebenfalls zu einem steigenden Realzins. In beiden Fällen wird der Preis p_2 in Periode 2 fallen.

Ändert sich der Output des zweiten Sektors nach dem technischen Fortschritt nicht ($\varepsilon_{2At2}=0$), so ist das Verhältnis der beiden Angebotselastizitäten relevant. Denn wegen der Annahme konstanter Ausgabenanteile sind die intratemporalen Nachfrageelastizitäten identisch. In beiden Perioden kommt es zu einer prozentual gleich großen Überschußnachfrage, zu deren Abbau jeweils eine reale Aufwertung erforderlich ist. Ist die Angebotselastizität in der zweiten Periode geringer als in der ersten, so fällt die Aufwertung in der zweiten Periode stärker aus, so daß der reale Diskontfaktor steigt.

6.2.3 Leistungsbilanzwirkungen eines erwarteten technischen Fortschritts

Nachdem die Preisentwicklungen bekannt sind, kann nun die Leistungsbilanzreaktion diskutiert werden, die sich bei einem erwarteten sektorneutralen technischen Fortschritt ergibt.

$$b_1=Y_1(p_1)-P_1(p_1)C_1(R_H,W_r)-Z(p_2,A_{t2}) \tag{6.57}$$

Das Einkommen der Gegenwart wird bei unveränderter Produktionstechnologie ausschließlich von dem relativen Güterpreis in der ersten Periode beeinflußt.

$$\frac{dY_1}{W} = \beta(1-\gamma)\hat{p}_1 \tag{6.58}$$

Die Entwicklung des relativen Preises p_1 fällt nicht eindeutig aus. Ob Y_1 steigen, konstant bleiben oder fallen wird, geht aus der Bedingung (6.54) hervor. Ein eindeutiger Einkommensanstieg ergibt sich, wenn Gut 2 relativ arbeitsintensiv hergestellt wird, da dann eine reale Aufwertung in der Gegenwart einsetzt.

Für die Entwicklung der Ausgaben in der Gegenwart gilt bei anfänglich ausgeglichener Leistungsbilanz ($\alpha_{t2} = \gamma$):

$$\frac{dE_1}{W} = (1-\gamma)\left[\beta(1-\gamma\sigma)\hat{p}_1 + \beta\gamma\sigma\hat{p}_2 + \gamma\hat{A}_{t2}\right] \tag{6.59}$$

Ausgabenerhöhend in der Gegenwart wirkt der technische Fortschritt selbst, da der Einkommenszuwachs, der nur in der zweiten Periode stattfindet, antizipiert wird und damit bereits in der ersten Periode zu einer Erhöhung der realen Konsumausgaben führt. Ein weiterer Einfluß auf die realen Ausgaben der Gegenwart geht von dem realen Diskontfaktor aus, wobei dieser Effekt nicht klar ist. Steigt der reale Diskontfaktor, so wirkt dies in der ersten Periode positiv auf die realen Ausgaben. Der Preisniveaueffekt ist ebenfalls nicht eindeutig, da p_1 sowohl fallen als auch steigen kann. Allerdings neutralisieren sich die Einkommens- und Konsumwirkungen einer realen Wechselkursänderung in der ersten Periode, wie auch die folgende Gleichung für die Reaktion der Ersparnis verdeutlicht.

$$\frac{dS_1}{W} = \frac{dY_1}{W} - \frac{dE_1}{W} = -(1-\gamma)\left\{\gamma\beta\sigma\left[\hat{p}_2 - \hat{p}_1\right] + \gamma\hat{A}_{t2}\right\} \tag{6.60}$$

Maßgeblich für die Entwicklung der Ersparnis in der Gegenwart sind wiederum der reale Diskontfaktor und die vom technischen Fortschritt induzierte Vermögenserhöhung. Beide haben einen ähnlichen Einfluß auf die gesamtwirtschaftliche Ersparnis in der Gegenwart. Diese sinkt aufgrund des Vermögenseffekts des erwarteten Fortschritts. Grund hierfür ist die Tatsache, daß nur der Produktionswert in der Zukunft zunimmt, während ohne Preisänderungen das Einkommen der Gegenwart unverändert bleibt. Da die Haushalte aber den Einkommenszuwachs korrekt antizipieren, werden sie die Ausgaben in der Gegenwart nach Maßgabe der

Konsumneigung (1-γ) erhöhen, was bei gegebenem Y_1 die Ersparnis reduziert.

Realzinsänderungen und die Ersparnis in der Gegenwart sind im Modell positiv korreliert. Die Realzinsentwicklung kann allerdings nicht eindeutig bestimmt werden. Fällt der Realzins, so tritt insgesamt ein Rückgang der Ersparnis ein. Steigt dieser hingegen, so kann ohne Kenntnis der Stärke der beiden erwähnten Effekte noch keine Aussage bezüglich S_1 gemacht werden. Dies erfordert eine genauere Betrachtung, die nach Einsetzen der gleichgewichtigen Preisänderungen in (6.60) zu folgendem Resultat führt.

$$\frac{dS_1}{W} = -(1-\gamma)\left[(1-\beta)\phi + \varepsilon_{21}\right]\left[(1-\beta)\phi + \beta\sigma + \varepsilon_{22} - \varepsilon_{2At2}\right]\hat{A}_{t2} \qquad (6.61)$$

Es gilt somit:

$$\frac{dS_1}{W} \underset{<}{\overset{>}{=}} 0\text{, wenn } \varepsilon_{2At2} \underset{<}{\overset{>}{=}} (1-\beta)\phi + \beta\sigma + \varepsilon_{22} \qquad (6.62)$$

Hiernach gibt es in der Gegenwart einen eindeutigen Rückgang der Ersparnis, wenn ε_{2At2} negative Werte annimmt. D. h. Gut 2 ist arbeitsintensiv und zugleich werden so viele Faktoren aus dem zweiten Sektor abwandern, daß die outputerhöhende Produktivitätsverbesserung überkompensiert wird. Wie aus den obigen Ausführungen hervorgegangen ist, wird dies tendenziell zu einer Erhöhung des realen Diskontfaktors führen und wirkt damit ersparnissenkend. Ähnliches gilt, wenn ε_{2At2} zwar positiv, aber hinreichend klein ist. Ist das zweite Gut kapitalintensiv, so kommt es um so eher zu einem Rückgang der Ersparnis, je höher die intertemporale und intratemporale Substitutionselastizität sowie die Preiselastizität des Angebots in der zweiten Periode sind.

Der Effizienzparamter A_{t2} sowie der relative Güterpreis p_2 bestimmen die Entwicklung der gesamtwirtschaftlichen Investitionen nach Maßgabe der Elastizitäten ε_{ZAt2} und ε_{Z2}.

$$\frac{dZ}{W} = \frac{Z}{W}\left(\varepsilon_{Z2}\hat{p}_2 + \varepsilon_{ZAt2}\hat{A}_{t2}\right) \qquad (6.63)$$

ε_{ZAt2} ist positiv, da der sektorneutrale technische Fortschritt das Wertgrenzprodukt des Kapitals erhöht und damit investitionsfördernd wirkt. ε_{Z2} ist positiv (negativ), wenn Gut 2 relativ kapitalintensiv (arbeitsintensiv) hergestellt wird.

Für die nachstehenden Überlegungen ist es hilfreich, auf die Zerlegung der Elastizitäten aus dem letzten Kapitel zurückzugreifen.[9] Es gilt entsprechend

$$\varepsilon_{Z2} = \varepsilon_{Z\lambda 4}\varepsilon_{\lambda 4p}$$

$$\varepsilon_{ZAt2} = \varepsilon_{Z\lambda 4}\varepsilon_{\lambda 4At2}$$

mit λ_4 als Gegenwartswert des Kapitalnutzungspreises in Periode 2. $\varepsilon_{Z\lambda 4}$ ist die Elastizität der gesamten Investitionsausgaben Z auf Änderungen des Kapitalnutzungspreises in der Zukunft. $\varepsilon_{Z\lambda 4}$ ist positiv, denn höhere Wertgrenzprodukte des Kapitals lassen die Investitionsnachfrage steigen.

$\varepsilon_{\lambda 4p}$ und $\varepsilon_{\lambda 4At2}$ geben den Einfluß wieder, den Änderungen des relativen Preises p_2 bzw. des Effizienzparameters A_{t2} auf den Gegenwartswert des Kapitalnutzungspreises der zweiten Periode haben. Da ein sektor- und faktorneutraler Produktivitätsfortschritt den Kapitalnutzungspreis proportional erhöhen, gilt:

$$\varepsilon_{\lambda 4At2} = 1 \tag{6.64}$$

Eingesetzt in (6.63) folgt:

$$\frac{dZ}{W} = \frac{Z}{W}\varepsilon_{Z\lambda 4}\left[\varepsilon_{\lambda 4p}\hat{p}_2 + \hat{A}_{t2}\right] \tag{6.65}$$

Das Vorzeichen von (6.65) wird durch den Klammerausdruck bestimmt. Für die Investitionsänderung lassen sich allerdings keine interpretierbaren Bedingungen aufstellen, da hier sämtliche Elastizitäten zusammenwirken, die die Preisänderung determinieren. Daher beschränken sich die folgenden Bemerkungen auf Tendenzaussagen zu den Wirkungszusammenhängen.

Der technische Fortschritt allein erhöht auf jeden Fall die Investitionen. Ist das zweite Gut kapitalintensiv, so ist $\varepsilon_{\lambda 4p}$ positiv.[10] Wie die Ausführungen weiter oben ergeben haben, wird in diesem Fall eindeutig eine reale Abwertung einsetzen, so daß das Produkt aus $\varepsilon_{\lambda 4p}$ und der Preisänderung

---

9 Vgl. die Ausführungen ebenda.

10 Wegen des „Magnification Effects" ist $\varepsilon_{\lambda 4p}$ in diesem Fall auch größer als Eins. Dieses Ergebnis kommt zustande, weil die Güterpreise, die bei vollständiger Konkurrenz den Stückkosten entsprechen, ein mit den Inputkoeffizienten gewichtetes Mittel der Faktornutzungspreise sind. Steigt der relative Preis des zweiten Gutes, wird folglich der Preis des in diesem Sektor besonders intensiv genutzten Faktors stärker steigen als der relative Güterpreis. Vgl. Jones (1965, 561 f.).

negativ wird. Nimmt $\varepsilon_{\lambda 4p}$ Werte an, die nur geringfügig größer sind als Eins und fällt die reale Abwertung in der zweiten Periode nur relativ schwach aus, so dominiert der investitionssteigernde Effekt des technischen Fortschritts.

Die Bedingung hierfür lautet:

$$\varepsilon_{\lambda 4p} < -\frac{\hat{A}}{\hat{p}_2}, \text{ wenn } \hat{p}_2 < 0 \tag{6.66}$$

Wird das zweite Gut relativ arbeitsintensiv produziert, so ist $\varepsilon_{\lambda 4p}$ negativ. Die Preisreaktion in der Zukunft ist dann nach den obigen Überlegungen ungewiß. Löst der technische Fortschritt einen nur geringen Rybczynski-Effekt aus und ist der Anteil des Zukunftskonsums an den gesamten Ausgaben relativ gering, so wird in der zweiten Periode der relative Preis p_2 fallen. Bedingung (6.66) ist dann erfüllt. In diesem Fall gibt es insgesamt eine eindeutige Erhöhung der Investitionsnachfrage. Dominiert hingegen der Rybczynski-Effekt den Produktivitätsgewinn, so tritt in Periode 2 eine reale Aufwertung ein, so daß dieser Preiseffekt per se negativ auf die Investitionen wirkt. Bleibt er jedoch hinter dem investitionsfördernden Effekt des technischen Fortschritts zurück, so mag die Gesamtwirkung für die Investitionen positiv ausfallen. Die Bedingung hierfür lautet:

$$\varepsilon_{\lambda 4p} > -\frac{\hat{A}}{\hat{p}_2}, \text{ wenn } \hat{p}_2 > 0 \tag{6.67}$$

Zusammenfassend läßt sich festhalten, daß für den Fall einer arbeitsintensiven Produktionsweise im zweiten Sektor am ehesten mit einer Erhöhung der gesamtwirtschaftlichen Investitionsnachfrage zu rechnen ist.

Aufgrund der Indeterminiertheit der Ersparnis- und der Investitionsentwicklung bleibt auch die Leistungsbilanzreaktion offen. Auch hier sollen deshalb nur einige generelle Überlegungen folgen. Für die Ersparnisreaktion ist die Größe von ε_{2At2} maßgeblich. Je kleinere Werte ε_{2At2} annimmt, um so eher wird die Ersparnis fallen, was tendenziell leistungsbilanzverschlechternd wirkt. Nimmt ε_{2At2} kleinere Werte als Eins an, so ist das zweite Gut arbeitsintensiv, was sich nach der Diskussion oben tendenziell investitionserhöhend auswirkt. Insgesamt kann also dann, wenn im Sektor der nicht gehandelten Güter eine arbeitsintensive Produktionstechnik vorliegt, tendenziell von einer Leistungsbilanzverbesserung als Folge des erwarteten technischen Fortschritts ausgegangen werden.

6.3 Permanenter technischer Fortschritt

6.3.1 Produktions-, Investitions- und Konsumeffekte

Der letzte Abschnitt dieses Kapitels widmet sich der Frage, welche Wirkungen ein faktorneutraler technischer Fortschritt, der sowohl sektorneutral ist als auch über den gesamten Planungszeitraum wirkt, auf den Leistungsbilanzsaldo beider Perioden hat. Es gilt:

$$\hat{A}_{11} = \hat{A}_{21} = \hat{A}_{12} = \hat{A}_{22} \equiv \hat{A}$$

Die Anpassungen der Unternehmen an den permanenten technischen Fortschritt entsprechen bei konstanten Preisen den in den vorangegangen beiden Abschnitten diskutierten Verhaltensänderungen, so daß sie hier nur noch kurz dargestellt werden.

In der ersten Periode erhöhen sich die Wertgrenzprodukte der Arbeit und des Kapitals proportional zum Effizienzparameter A. Damit werden die Unternehmen aber in keinem Sektor eine Substitution zwischen beiden Faktoren vornehmen, so daß die Kapitalintensitäten konstant bleiben. Die Faktorbestände in der ersten Periode sind konstant, so daß auch die Aufteilung des Faktors Arbeit auf beide Sektoren nach der Produktivitätserhöhung unverändert bleibt. Somit wird die Outputänderung in der ersten Periode allein vom Wachstum des Effizienzparameters A determiniert.

$$\hat{x}_{11} = \hat{A} + \varepsilon_{11}\hat{p}_1 \tag{6.68}$$

$$\hat{x}_{21} = \hat{A} + \varepsilon_{21}\hat{p}_1, \tag{6.69}$$

Auch in der Periode 2 nehmen die Wertgrenzprodukte des Kapitals und der Arbeit mit der Rate Â zu, so daß auch hier keine Faktorsubstitution stattfindet und somit die sektoralen Kapitalintensitäten sich nicht ändern. Wie bei dem erwarteten technischen Fortschritt gibt es allerdings eine Reallokation der Produktionsfaktoren, die allein auf den induzierten Rybczynski-Effekt zurückzuführen ist. Da sich in der zweiten Periode der Kapitalnutzungspreis erhöhen wird und die Unternehmen dies antizipieren, werden sie ihre Investitionen ausweiten, wodurch sich der Kapitalbestand K_2 erhöht. Das zusätzlich investierte Kapital kann nur vollbeschäftigt werden, wenn es im kapitalintensiven Sektor eingesetzt wird. Weil aber die Kapitalintensität konstant bleibt, muß das neue Kapital mit Arbeit versehen werden, die nur aus dem arbeitsintensiven Sektor kommen kann. Somit verstärkt der durch den technischen Fortschritt induzierte Rybczynski-Effekt das Outputwachstum des kapitalintensiven Sektors.

Da Arbeit aus dem arbeitsintensiven Sektor abwandert, muß bei unveränderter Kapitalintensität auch Kapital aus diesem Sektor abwandern. D. h. der arbeitsintensive Sektor verliert gemäß seiner bisherigen Kapitalintensität beide Produktionsfaktoren was per se produktionsmindernd wirkt. Für diesen Sektor bleibt somit der Produktivitätsgewinn, wobei allerdings der Gesamteffekt aus diesem und dem Rybczynski-Effekt unklar bleibt. Es können sich sowohl Outputerhöhungen als auch -senkungen ergeben.

Die Angebotsänderungen in Wachstumsratenformulierung lauten:

$$\hat{x}_{12} = \varepsilon_{12}\hat{p}_2 + \varepsilon_{12A}\hat{A} \tag{6.70}$$

$$\hat{x}_{22} = \varepsilon_{22}\hat{p}_2 + \varepsilon_{22A}\hat{A} \tag{6.71}$$ [11]

Für den kapitalintensiven Sektor ist nach den vorangegangen Überlegungen ε_{i2A} größer als Eins, während die entsprechende Elastizität für den arbeitsintensiven Sektor kleiner als Eins ist und sogar negativ sein kann.[12]

Der technische Fortschritt hat positive Vermögenseffekte. Nach dem Envelope-Theorem lassen sich diese ermitteln, indem die Zielfunktion der Unternehmen nach dem Parameter A differenziert wird.

$$\frac{dW}{dA} = \frac{x_{11} + p_1 x_{21} + R(x_{12} + p_2 x_{22})}{A} \tag{6.72}$$ [13]

Das Vermögen nimmt somit genau um den Barwert der Summe der bisherigen Produktionswerte zu. Als prozentuale Vermögensänderung ergibt sich:

$$\frac{dW}{dA}\frac{A}{W} = \frac{x_{11} + p_1 x_{21} + R(x_{12} + p_2 x_{22})}{W} = \frac{Y_1 + RY_2}{W} = \alpha_{t1} + \alpha_{t2} \equiv \alpha \tag{6.73}$$

α muß nicht gleich Eins sein, sondern kann auch Werte darüber oder darunter annehmen, d. h. die Konsummöglichkeiten der Volkswirtschaft können überproprotional oder unterproportional zum Produktivitätsanstieg wachsen. Dies wird deutlich, wenn man die in Gleichung (6.23) und (6.51)

---

11 Die ε_{i2A} stimmen mit den im vorangegangenen Abschnitt verwendeten Elastizitäten ε_{iAt2} überein.

12 Vgl. hierzu auch die Ausführungen im letzten Abschnitt.

13 Es wird auch hier unterstellt, daß die Effizienzparameter beider Sektoren gleiche Ausgangswerte haben.

verwendeten Ausdrücke für α_{t1} und α_{t2} in (6.73) einsetzt, die bei anfänglich ausgeglichenen Leistungsbilanzen gelten:

$$\alpha = 1 + \frac{Z}{W} \tag{6.74}$$

Waren die Investitionen in der Ausgangssituation positiv, so wachsen die Konsummöglichkeiten stärker als der Effizienzparameter. Dies liegt daran, daß die Konsummöglichkeiten um den gleichen absoluten Betrag zunehmen wie der Barwert des Einkommens. Da bei positiven Investitionen in der Ausgangssituation der Gegenwartswert des Einkommens größer ist als W, muß die Wachstumsrate der Konsummöglichkeiten W folglich über Eins liegen.[14] Wurden anfänglich keine Nettoinvestitionen vorgenommen, so ist α gleich Eins, so daß die Konsummöglichkeiten proportional zum Output steigen. Vereinfachend wird bei den folgenden Ausführungen von diesem Fall ausgegangen. Andernfalls gelten für die Angebots- und Preiseffekte ähnliche Überlegungen wie im vorangegangenen Abschnitt.

Aufgrund der Annahmen über die Nutzenfunktionen wird die Nachfrage nach den Konsumgütern proportional zum Vermögen steigen.

$$\hat{c}_{11} = (\beta_1\phi - \beta_1\gamma\sigma)\hat{p}_1 + \gamma\sigma\beta_2\hat{p}_2 + \hat{A} \tag{6.75}$$

$$\hat{c}_{21} = -[(1-\beta_1)\phi + \gamma\sigma\beta_1]\hat{p}_1 + \gamma\sigma\beta_2\hat{p}_2 + \hat{A} \tag{6.76}$$

$$\hat{c}_{12} = (1-\gamma)\sigma\beta_1\hat{p}_1 + [\beta_2\phi - \beta_2(1-\gamma)\sigma]\hat{p}_2 + \hat{A} \tag{6.77}$$

$$\hat{c}_{22} = (1-\gamma)\sigma\beta_1\hat{p}_1 - [(1-\beta_2)\phi + (1-\gamma)\sigma\beta_2]\hat{p}_2 + \hat{A} \tag{6.78}$$

6.3.2 Die Entwicklung der realen Wechselkurse

Faßt man die Angebots- und Nachfragewirkungen zusammen, so wird in der ersten Periode das Gleichgewicht auf dem Markt für nicht gehandelte Güter nicht gestört, weil der Output aufgrund der Annahme, daß $\alpha = 1$ gilt, proportional zur Nachfrage steigt.

In der zweiten Periode wird das bei konstanten Preisen resultierende Ungleichgewicht diesmal allein davon abhängen, wie sich die Kapitalintensitäten beider Sektoren zueinander verhalten. Ist der zweite Sektor relativ kapitalintensiv und damit ε_{22A} größer als Eins, so kommt es zu einem An-

---

[14] Vgl. hierzu die Definitionsgleichung für das Vermögen (3.5).

gebotsüberschuß für Gut 2. Wird im zweiten Sektor arbeitsintensiv produziert, so nimmt die Nachfrage stärker zu als der Output, der seinerseits zunehmen oder auch fallen kann. Es gibt dann eine Überschußnachfrage in der Zukunft. Diese Überlegungen finden sich in den veränderten Gleichgewichtsbedingungen

$$\text{G1:} \quad -\left[(1-\beta_1)\phi + \gamma\sigma\beta_1 + \varepsilon_{21}\right]\hat{p}_1 + \left[\sigma\gamma\beta_2\right]\hat{p}_2 = 0 \tag{6.79}$$

und

$$\text{G2:} \quad \left[(1-\gamma)\sigma\beta_1\right]\hat{p}_1 - \left[(1-\beta_2)\phi + \beta_2(1-\gamma)\sigma + \varepsilon_{22}\right]\hat{p}_2 = \left[\varepsilon_{22A} - 1\right]\hat{A} \tag{6.80}$$

wieder, mit denen sich die Wirkungen des technischen Fortschritts auf die relativen Preise beider Perioden veranschaulichen lassen.

Da in der ersten Periode die Produktion und die Nachfrage bei beiden Gütern proportional zum Effizienzparameter A zunimmt und damit das anfängliche Gleichgewicht erhalten bleibt, verändert die G_1-Kurve ihre Lage nicht.

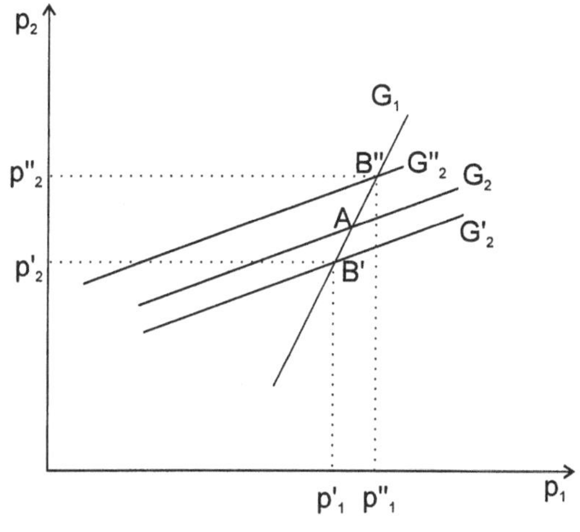

Abb. 6.3: Konsequenzen eines permanenten sektorneutralen technischen Fortschritts für die realen Wechselkurse

In Periode 2 wird das Gleichgewicht allerdings durch den Rybczynski-Effekt gestört. Bei einer relativ kapitalintensiven Produktionsweise im zweiten Sektor kommt es zu einem Angebotsüberschuß, der bei gegebenem relativen Preis p_1 mit einer realen Abwertung in der Zukunft abgebaut werden kann. In diesem Fall verlagert sich die G_2-Kurve nach unten auf G_2'. Ist dagegen Gut 2 das arbeitsintensive Gut, so kann der dann resultierende Nachfrageüberschuß bei gegebenem realen Wechselkurs in der Gegenwart über eine reale Aufwertung in der zweiten Periode beseitigt werden. Die G_2-Kurve wird nach oben verschoben (G_2'').

Jede reale Wechselkursbewegung in der zweiten Periode ändert allerdings zunächst auch den realen Diskontfaktor und löst damit intertemporale Substitutionsprozesse aus, die das anfängliche Gleichgewicht in der Gegenwart stören und deshalb natürlich auch eine Anpassung des relativen Preises in Periode 1 erforderlich machen.

Wie aus der Graphik ersichtlich ist, bewegen sich beide Preise in die gleiche Richtung, unabhängig davon, welcher Art das Ungleichgewicht in Periode 2 sein wird. Dies wird durch die algebraische Lösung bestätigt.

$$\hat{p}_1 = \frac{(1-\varepsilon_{22A})\gamma\beta_2\sigma}{\Delta}\hat{A} \tag{6.81}$$

$$\hat{p}_2 = \frac{(1-\varepsilon_{22A})\left[(1-\beta_1)\phi + \gamma\beta_1\sigma + \varepsilon_{21}\right]}{\Delta}\hat{A} \tag{6.82}$$

mit $\Delta = \left[(1-\beta_1)\phi + \varepsilon_{21}\right]\left[(1-\beta_2)\phi + (1-\gamma)\sigma\beta_2 + \varepsilon_{22}\right] + \gamma\sigma\beta_1\left[(1-\beta_2)\phi + \varepsilon_{22}\right]$

Ist ε_{22A} größer als Eins, so wird in beiden Perioden eine reale Abwertung einsetzen. Das Überschußangebot in der Zukunft verlangt eine Senkung des relativen Preises p_2. Hierdurch fällt das Preisniveau, was einen Druck auf den realen Diskontfaktor ausübt. In der Folge sinkt der reale Gegenwartskonsum und mit diesem die Nachfrage nach nicht gehandelten Gütern. Aus dem zu Beginn vorhandenen Gleichgewicht wird ein Überschußangebot, das ebenfalls eine reale Abwertung in der Gegenwart verlangt. Der neue Gleichgewichtspunkt in Abbildung 6.3 ist B'.

Ist das zweite Gut arbeitsintensiv, so kommt es in der Zukunft zu einer Überschußnachfrage und einer realen Aufwertung, die über das steigende Preisniveau den realen Diskontfaktor erhöht. Hierauf setzt eine Substitution hin zu Gegenwartsgütern ein, die auf dem Markt für nicht gehandelte Güter eine Überschußnachfrage mit sich bringt, so daß auch in der ersten Periode p_1 steigen wird. In Abbildung 6.3 kennzeichnet B'' das neue intertemporale Gleichgewicht.

Da sich beide Preise gleichgerichtet ändern, stellt sich die Frage nach der Entwicklung des realen Diskontfaktors. Unter der Prämisse, daß die Anteile der nicht gehandelten Güter an den Periodenausgaben in der Gegenwart und der Zukunft identisch sind ($\beta_1=\beta_2=\beta$), gilt:

$$\hat{p}_2 - \hat{p}_1 = \frac{(1-\varepsilon_{22A})[(1-\beta)\phi + \varepsilon_{21}]}{\Delta'}\hat{A} \tag{6.83}$$

mit $\Delta' = [(1-\beta)\phi + \varepsilon_{21}][(1-\beta)\phi + (1-\gamma)\sigma\beta + \varepsilon_{22}] + \gamma\sigma\beta[(1-\beta)\phi + \varepsilon_{22}]$

R_H wird somit steigen (fallen), wenn das zweite Gut relativ arbeitsintensiv (kapitalintensiv) ist. Dies geht auch aus Abbildung 6.3 hervor. Bei einer arbeitsintensiven Produktionstechnik im zweiten Sektor kommt es zu einer Linksverschiebung der G_2-Kurve. Der neue Gleichgewichtspunkt B" liegt links eines Strahls durch den Ursprung und Punkt A. Dort liegen aber alle Punkte, die einen gegenüber der Ausgangssituation gestiegenen realen Diskontfaktor kennzeichnen.

Analog kann der Abbildung 6.3 entnommen werden, daß im Falle einer kapitalintensiven Produktion im zweiten Sektor der reale Diskontfaktor sinkt. G_2 wird nach rechts verschoben, der neue Gleichgewichtspunkt B' liegt rechts der Verbindungslinie zwischen Ursprung und Punkt A.

6.3.3 Leistungsbilanzwirkungen des permanenten technischen Fortschritts

Für die Leistungsbilanz gilt bei einem permanenten technischen Fortschritt:

$$b_1 = Y_1(p_1, A) - P_1(p_1)C_1(R_H, W_r) - Z(p_2, A) \tag{6.84}$$

Im folgenden wird geprüft, wie sich die einzelnen für die Leistungsbilanzentwicklung relevanten Komponenten entwickeln.

$$\frac{dY_1}{W} = \beta(1-\gamma)\hat{p}_1 + \alpha_{t1}\hat{A} \tag{6.85}$$

Die Produktivitätsverbesserung führt per se zu einer Zunahme des gegenwärtigen Einkommens, wobei dieser Effekt nur auf den in Periode 1 stattfindenden technischen Fortschritt zurückzuführen ist. Die Preisentwicklung in der ersten Periode hängt vom Verhältnis der Kapitalintensitäten beider Sektoren ab. Ist das zweite Gut relativ arbeitsintensiv, so wird der relative Preis p_1 steigen und den produktivitätsbedingten Einkommenszuwachs verstärken. Wird im zweiten Sektor relativ kapitalintensiv produziert, so wird der Einkommensanstieg durch eine reale Abwertung schwächer ausfallen. Bei sehr hohen Werten von ε_{22A} kann im Extremfall auch eine Senkung des Einkommens Y_1 einsetzen.

Zur Bestimmung der Reaktion der Ausgaben E_1 lassen sich wieder die drei Kanäle unterscheiden, über die der technische Fortschritt wirkt.

$$\frac{dE_1}{W} = (1-\gamma)\left[\beta\hat{p}_1 + \beta\gamma\sigma\left[\hat{p}_2 - \hat{p}_1\right] + \hat{A}\right] \tag{6.86}$$

Bei unveränderten Preisen erhöht die Produktivitätsverbesserung das Vermögen und damit auch die Ausgaben für den gegenwärtigen Konsum, wobei die Stärke dieses Effekts von der Ausgabenneigung (1-γ) abhängt. Die beiden weiteren Einflußfaktoren auf die Konsumausgaben in der ersten Periode sind der Preisniveaueffekt und der intertemporale Substitutionseffekt. Die Wirkungsrichtung hängt allein von ε_{22A} ab und ist für beide gleich. Ist ε_{22A} kleiner als Eins, so nehmen das Preisniveau P_1 und der reale Diskontfaktor zu, was jeweils ausgabenerhöhend wirkt. In diesem Fall wird E_1 insgesamt zweifelsfrei steigen.

Nimmt ε_{22A} größere Werte als Eins an, d. h. ist das zweite Gut kapitalintensiv, so werden P_1 und R_H sinken, was die Konsumausgaben in der Gegenwart zurückgehen läßt. Ob es hierdurch insgesamt zu einem Rückgang der nominalen Konsumausgaben in Periode 1 kommt, bleibt offen. Dies wird um so eher der Fall sein, je größer ε_{22A} ist, d. h. je ähnlicher die Kapitalintensitäten in beiden Sektoren sind.

Die Ersparnis wird bei einem permanenten technischen Fortschritt nur noch vom realen Diskontfaktor abhängen, wenn die Leistungsbilanzen vor der Produktivitätsänderung ausgeglichen waren und keine Nettoinvestitionen vorgenommen wurden.

$$\frac{dS_1}{W} = \frac{dY_1}{W} - \frac{dE_1}{W} = -(1-\gamma)\gamma\beta\sigma\left[\hat{p}_2 - \hat{p}_1\right] \tag{6.87}$$

Dies liegt daran, daß der sektorneutrale permanente Produktivitätsanstieg das Einkommen in der Gegenwart um den bisherigen Wert Y_1 steigen läßt. Das Vermögen steigt genau um den Gegenwartswert der Summe der Einkommen beider Perioden. Hiervon wird aber nur der Teil (1-γ) für den Gegenwartskonsum ausgegeben. Dies entspricht E_1. Bei ausgeglichenen Leistungsbilanzen und Investitionen in Höhe von Null muß $Y_1 = E_1$ gelten, so daß in Periode 1 der Einkommensanstieg der Ausgabenerhöhung entspricht und damit neutral auf die Ersparnis wirkt.

Es verbleibt damit der intertemporale Substitutionseffekt. Bei einem steigenden Realzins, der sich ergibt, wenn das zweite Gut kapitalintensiv ist, nimmt die Ersparnis zu. Ist Gut 2 arbeitsintensiv, so fällt der Realzins und die Ersparnis nimmt ab.

Die Investitionen ändern sich gemäß:[15]

$$\frac{dZ}{W} = \frac{\partial Z}{\partial I}\frac{\partial I}{\partial \lambda_4}\frac{\lambda_4}{W}\left(\varepsilon_{\lambda 4p}\hat{p}_2 + \varepsilon_{\lambda 4A}\hat{A}\right) \tag{6.88}$$

Sämtliche Ausdrücke vor dem Klammerausdruck sind positiv, so daß das Vorzeichen in (6.88) allein von dem Wert in der Klammer bestimmt wird. Wie im letzten Abschnitt bereits erläutert wurde, ist $\varepsilon_{\lambda 4A}$ gleich Eins, da der sektor- und faktorneutrale Produktivitätsfortschritt die Wertgrenzprodukte beider Faktoren proportional erhöht und damit die Investitionen stimuliert.

Ist die Kapitalintensität im zweiten Sektor höher als im ersten, so wird aufgrund des Magnification-Effekts $\varepsilon_{\lambda 4p}$ größer als Eins sein. Da in diesem Fall zugleich eine reale Abwertung in der zweiten Periode auftritt, wird die Preisänderung negativ auf die Investitionen wirken. Die Gesamtwirkung ist damit ungewiß. Eine erhöhte Investionsnachfrage ergibt sich dann, wenn

$$\varepsilon_{\lambda 4p} < -\frac{\hat{A}}{\hat{p}_2} \qquad \text{für } \hat{p}_2 < 0 \tag{6.89}$$

gilt.

Wird das zweite Gut arbeitsintensiv produziert, so wird $\varepsilon_{\lambda 4p}$ negativ, während in der zweiten Periode eine reale Aufwertung stattfindet. Auch hier wirkt die Preisänderung investitionshemmend, während der technische Fortschritt selbst investitionsstimulierend wirkt. Die Gesamtwirkung ist ebenfalls unklar. Die Bedingung für eine höhere gesamtwirtschaftliche Investitionsnachfrage lautet dann:

$$\varepsilon_{\lambda 4p} > -\frac{\hat{A}}{\hat{p}_2} \qquad \text{für } \hat{p}_2 > 0 \tag{6.90}$$

Die Leistungsbilanzwirkungen sind somit nicht eindeutig. Weder die Ersparnisänderung noch die Investitionsänderung haben eindeutige Vorzeichen. Eine Leistungsbilanzverbesserung wird dann eintreten, wenn das zweite Gut relativ kapitalintensiv ist, so daß der Realzins und die Ersparnis zunehmen, und gleichzeitig (6.89) nicht erfüllt ist, so daß die In-

---

[15] Die Investitionsänderung muß diesmal etwas anders als in den vorangegangenen Abschnitten formuliert werden, da die Investitionen in der Ausgangssituation annahmegemäß den Wert Null hatten und die Elastizitäten, die weiter oben verwendet wurden, nicht definiert sind.

vestitionen zurückgehen. Entsprechend wird sich die Leistungsbilanz verschlechtern, wenn das zweite Gut arbeitsintensiv produziert wird und zugleich Bedingung (6.90) erfüllt ist. Bei dieser Konstellation sinken Realzins und Ersparnis, während die Investitionen zunehmen.

7 Fazit

Das Anliegen dieser Arbeit war die Untersuchung der Frage, wie die Leistungsbilanz einer Volkswirtschaft über wirtschaftsstrukturelle Faktoren auf verschiedene Formen des technischen Fortschritts reagiert. Hierzu wurde ein deterministisches zweiperiodiges realwirtschaftliches Modell einer kleinen offenen Volkswirtschaft entwickelt. Die Wirtschaftsstruktur wurde über die Modellierung zweier Sektoren abgebildet. Einer der beiden Sektoren produziert ein Gut, das einem internationalen Wettbewerb ausgesetzt und dessen Preis vom Weltmarkt vorgegeben ist. Dieses Gut dient auch als Investitionsgut. Im zweiten Sektor wird ein nicht gehandeltes Gut hergestellt, dessen Preis sich allein aufgrund des Angebots und der Nachfrage inländischer Wirtschaftssubjekte bildet. In beiden Perioden wurde Flexibilität der Güter- und Faktorpreise angenommen, so daß sämtliche Märkte geräumt sind. Ein besonderes Augenmerk galt der Entwicklung der gesamtwirtschaftlichen Ersparnis und der Investitionen, um hierüber die Änderung des Leistungsbilanzsaldos herzuleiten.

Analysiert wurden sektorspezifische und sektorneutrale Produktivitätsverbesserungen, die neutral im Sinne von Hicks sind. Dabei wurde wie folgt vorgegangen: Zunächst wurden in einem ersten Schritt die Angebots- und Investitionseffekte des technischen Fortschritts bei den in der Ausgangssituation vorliegenden Güterpreisen bestimmt. Da mit den gestiegenen Produktionsmöglichkeiten das Einkommen der Volkswirtschaft zunimmt, wurden im nächsten Schritt die Nachfragewirkungen betrachtet. Weil sich die Güterangebote und -nachfragen bei beiden Gütern in der Regel unterschiedlich entwickeln werden, die Märkte für nicht gehandelte Güter aber in beiden Perioden im Gleichgewicht sein müssen, sind im Normalfall Anpassungen der relativen Preise des nicht gehandelten Gutes erforderlich, um ein neues Gleichgewicht zu erreichen. Mit den Relativpreisänderungen in beiden Perioden wurde dann die Entwicklung der Ersparnis und der Investitionen in der Gegenwart betrachtet, über die dann der Leistungsbilanzsaldo in Periode 1 bestimmt werden konnte. Über die intertemporale Budgetrestriktion ändert sich der Leistungsbilanzsaldo in der zweiten Periode in die umgekehrte Richtung. Im folgenden werden die wichtigsten Ergebnisse überblicksartig zusammengefaßt.[1]

---

1 Auf die exakte Wiedergabe der Bedingungen für die erwähnten Ergebnisse wird hier verzichtet.

Generelle Ergebnisse:

- Ein temporärer technischer Fortschritt wirkt bei unveränderten Güterpreisen ersparniserhöhend, da die Einkommenszuwächse der Haushalte in der Gegenwart nur teilweise für den Gegenwartskonsum verwendet werden. Entsprechend wirkt ein zukünftig erwarteter technischer Fortschritt ersparnismindernd, da die Haushalte bereits in der Gegenwart Teile des antizipierten Einkommensanstiegs konsumtiv verwenden.
- Diese unmittelbaren Wirkungen des technischen Fortschritts können durch Änderungen des realen Diskontfaktors bzw. des Realzinssatzes verstärkt, abgeschwächt, aber auch ins Gegenteil verkehrt werden. Hier spielen insbesondere die intratemporale und intertemporale Substitutionselastizität eine wichtige Rolle. Ein höherer Realzins wirkt positiv auf die Gegenwartsersparnis, wobei die Stärke dieses Effekts von der intertemporalen Substitutionselastizität abhängt.
- Die Investitionsentwicklung wird maßgeblich von den sektoralen Kapitalintensitäten bestimmt.

Spezielle Ergebnisse:

Technischer Fortschritt im Sektor der nicht gehandelten Güter

- Ein technischer Fortschritt im Sektor der nicht gehandelten Güter, der nur in der ersten Periode stattfindet, bringt eine reale Abwertung in Periode 1 mit sich. In Periode 2 gibt es eine reale Aufwertung, sofern die intertemporale im Vergleich zur intratemporalen Substitutionselastizität hinreichend klein ist. Die gleiche Bedingung führt zu einer zunehmenden Ersparnis in der Gegenwart, selbst wenn der reale Diskontfaktor steigt. Gelten die Bedingungen für eine reale Aufwertung in der zweiten Periode und ist der erste Sektor relativ kapitalintensiv, so sinken die Investitionen und die Leistungsbilanz verbessert sich.
- Findet die Produktivitätsverbesserung nur in der zweiten Periode statt, so wird es in Periode 2 zu einer realen Abwertung kommen und in Periode 1 zu einer realen Aufwertung, wenn die intertemporale verglichen zur intratemporalen Substitutionselastizität hinreichend klein ausfällt. Der Realzins wird unabhängig hiervon steigen. Sofern die Bedingung für die reale Aufwertung in der Gegenwart erfüllt ist, wird die Ersparnis in Periode 1 sinken. Bei einer intratemporalen Substitutionselastizität von Eins werden die Investitionen zunehmen, wenn die intertemporale Substitutionselastizität kleiner als Eins ist und Gut 1 relativ kapitalintensiv ist. In diesem Fall ergibt sich eine eindeutige Leistungsbilanzverschlechterung.

- Bei einem permanenten technischen Fortschritt im Sektor der nicht gehandelten Güter fällt der relative Preis in beiden Perioden, während die Entwicklung des realen Diskontfaktors nicht eindeutig ist. Bei einer intratemporalen Substitutionselastizität von Eins oder identischen Angebotselastizitäten in beiden Perioden bleibt dieser unverändert, so daß dann auch die Ersparnis konstant bleibt. Sind die Angebotselastizitäten in beiden Perioden gleich, so wird die Leistungsbilanz allein von der Investitionsnachfrage determiniert. Ist das erste Gut relativ kapitalintensiv und die intratemporale Substitutionselastizität kleiner als Eins, so nehmen die Investitionen zu und der Leistungsbilanzsaldo ab.

Technischer Fortschritt im Sektor der gehandelten Güter

- Ein technischer Fortschritt im Sektor der gehandelten Güter erhöht in beiden Perioden den realen Wechselkurs, unabhängig davon, in welchen Perioden er auftritt.
- Die Entwicklung des realen Zinssatzes ist nicht eindeutig. Bei ähnlichen Angebotselastizitäten in beiden Perioden ist allerdings eine Realzinssenkung wahrscheinlich.
- Die Ersparnis in der Gegenwart wird bei einem temporären technische Fortschritt steigen, bei einer erwarteten Produktivitätserhöhung sinken. Bei einem permanenten Fortschritt ist die Ersparnisänderung nicht eindeutig.
- Ist Gut 1 kapitalintensiv, reduziert ein temporärer technischer Fortschritt die Investitionsnachfrage, während eine erwartete Produktivitätsverbesserung die Investitionsnachfrage unter bestimmten Bedingungen erhöht. Bei einem permanenten technischen Fortschritt ist keine eindeutige Aussage über die Investitionsentwicklung möglich.
- Sofern Gut 1 kapitalintensiv ist, verbessert sich bei einem technischen Fortschritt, der nur in einer der beiden Perioden auftritt, die Leistungsbilanz.
- Ist Gut 1 dagegen arbeitsintensiv, sind keine eindeutigen Aussagen über die Ersparnis-, Investitions- und Leistungsbilanzentwicklung möglich.

Sektorneutraler technischer Fortschritt

- Eine sektorneutrale Produktivitätsverbesserung, die nur in Periode 1 stattfindet, führt zu einer realen Aufwertung in Periode 2, während die Preisänderung in der Gegenwart nicht klar ist. Obwohl der reale Diskontfaktor steigt, kommt es trotzdem zu einer höheren Gegenwartsersparnis. Die Investitionen gehen eindeutig zurück, wenn der erste

Sektor relativ kapitalintensiv ist, so daß dann auch eine Leistungsbilanzverbesserung eintritt.

- Ein erwarteter sektorneutraler technischer Fortschritt führt zweifelsfrei zu einer realen Aufwertung in Periode 1, wenn Gut 1 relativ kapitalintensiv ist, bzw. zu einer realen Abwertung in Periode 2, wenn Gut 1 relativ arbeitsintensiv ist. Bei ähnlichen Angebotselastizitäten in beiden Perioden fällt der reale Diskontfaktor, wenn das erste Gut arbeitsintensiv ist. Ist das erste Gut kapitalintensiv, kommt es zu einem steigenden realen Diskontfaktor, sofern die beiden Kapitalintensitäten sich wenig unterscheiden. In diesem Fall sinkt die Ersparnis, während eine Investitionserhöhung wahrscheinlich ist, so daß tendenziell mit einer Leistungsbilanzverschlechterung zu rechnen ist.
- Ein permanenter technischer Fortschritt führt in beiden Perioden zu einer realen Abwertung, zu einer Senkung des realen Diskontfaktors und zu einem Anstieg der Ersparnis, wenn das erste Gut relativ arbeitsintensiv ist. Entgegengesetzte Ergebnisse folgen, wenn Gut 1 kapitalintensiv ist. Die Investitionswirkungen und die Leistungsbilanzeffekte sind in beiden Fällen jedoch nicht eindeutig.

Literaturverzeichnis

Abel, A. B. und O. J. Blanchard (1983), An Intertemporal Model of Saving and Investment, Econometrica, 51, 675-692

Adams, Ch. und J. Greenwood (1985), Dual Exchange Rate Systems and Capital Controls: An Investigation, Journal of International Economics, 18, 43-63

Baltensperger, E. (1992), Monetäre Außenwirtschaftstheorie, Zeitschrift für Wirtschafts- und Sozialwissenschaften, 112, 505-565

Baxter, M. (1992), Fiscal Policy, Specialization, and Trade in the Two-Sector Model: The Return of Ricardo?, Journal of Political Economy, 100, 713-744

Bean, Ch. R. (1986), The Terms of Trade, Labour Supply and the Current Account, Economic Journal, 96, 38-46

Bhagwati, J. N. (1958), Immiserizing Growth: A Geometric Note, Review of Economic Studies, 25, 201-205

Bhandari, J. S. (1989), Trade Reform under Partial Currency Convertibility - some Suggestive Results, International Monetary Fund Staff Papers, 36, 494-513

Bovenberg, A. L. (1989), The Effects of Capital Income Taxation on International Competitiveness and Trade Flows, American Economic Review, 79, 1045-1064

Brock, Ph. L. (1988), Investment, the Current Account, and the Relative Price of Non-traded Goods in a Small Open Economy, Journal of International Economics, 24, 235-253

Brock, Ph. L. (1996), International Transfers, the Relative Price of Non-traded Goods, and the Current Account, Canadian Journal of Economics, 24, 163-180

Brock, Ph. L. und St. J. Turnovsky (1994), The Dependent-Economy Model with Both Traded and Nontraded Capital Goods, Review of International Economics, 2, 306-325

Bruce, N. und D. D. Purvis (1985), The Specification of Goods and Factor Markets in Open Economy Macroeconomic Models, in: Jones, R. W. und P. B. Kenen (Ed.), Handbook of International Economics II, Amsterdam

Bruno, M. (1976), The Two-Sector Open Economy and the Real Exchange Rate, American Economic Review, 66, 566-577

Bruno, M. (1982), Adjustment and Structural Change under Supply Shocks, Scandinavian Journal of Economics, 84, 199-221

Bruno, M. und J. Sachs (1982a), Input Price Shocks and the Slowdown in Economic Growth: The Case of U.K. Manufacturing, Review of Economic Studies, 49, 679-705

Bruno, M. und J. Sachs (1982b), Energy and Resource Allocation: A Dynamic Model of the „Dutch Disease", Review of Economic Studies, 49, 845-859

Burda, M. C. und St. Gerlach (1992), Intertemporal Prices and the US Trade Balance, American Economic Review, 82, 1234-1253

Burda, M. C. und Wyplosz, Ch. (1994), Makroökonomik - eine europäische Perspektive, München

Calvo, G. und R. Findlay (1978), On the Optimal Acquisition of Foreign Capital through Investment of Oil Export Revenues, Journal of International Economics, 8, 513-524

Claassen, E.-M. (1992), The Real Exchange Rate under Alternative Nominal Exchange Rate Regimes, in: Baldassari, M., L. Paganetto und E. S. Phelps (Eds.): International Economic Interdependence, Patterns of Trade Balances and Economic Policy Coordination, New York, 63-81

Clarida, R. H. (1990), International Lending and Borrowing in a Stochastic, Stationary Equilibrium, International Economic Review, 31, 543-558

Corden, W. M. (1991), Does the Current Account Matter? The Old View and the New, in: Frenkel, J. A. und M. Goldstein (Eds.): International Financial Policy - Essays in Honour of Jacques J. Polak, Washington, 455-478

Corden, W. M. (1992), Current Account of the Balance of Payments: Normative Theory, in: Newman, P., M. Milgate, J. Eatwell (Eds.), The New Palgrave Dictionary of Money & Finance, London, New York, 567-570

Cuddington, J. T. und J. M. Viñals (1986a), Budget Deficits and the Current Account, Journal of International Economics, 21, 1-24

Cuddington, J. T. und J. M. Viñals (1986b), Budget Deficits and the Current Account in the Presence of Classical Unemployment, Economic Journal, 96, 101-119

Darrat, A. F. (1988), Have Large Budget Deficits Caused Rising Trade Deficits?, Southern Economic Journal, 54, 879-887

Deaton, A. und J. Muellbauer (1980), Economics and Consumer Behavior, Cambridge usw.

Deutsche Bundesbank (1995), Änderungen in der Systematik der Zahlungsbilanz, Monatsbericht März 1995, 47. Jg., Nr. 3, 33-43

Devereux, M. (1987), Fiscal Spending, the Terms of Trade, and Real Interest Rates, Journal of International Economics, 22, 219-235

Diewert, W. E. (1974), Intertemporal Consumer Theory and the Demand for Durables, Econometrica, 42, 497-516

Dixit, A. K. (1990), Optimization in Economic Theory, 2nd ed., Oxford

Dixit, A. K. und V. Norman (1994), Außenhandelstheorie, 3. Aufl., München und Wien

Djajic, S. (1987), Temporary Import Quota and the Current Account, Journal of International Economics, 22, 349-362

Djajic, S. (1989), Current Account Effects of a Temporary Change in Government Expenditure, The Scandinavian Journal of Economics, 91, 83-86

Doch, K. (1991), Budgetdefizite und Leistungsbilanz - eine theoretische Analyse, Wiesbaden

Dornbusch, R. (1983), Real Interest Rates, Home Goods, and Optimal External Borrowing, Journal of Political Economy, 91, 141-153

Dowla, A. (1990), Effects of Tariffs and Subsidies on the Current Account - an Intertemporal Approach, The Indian Economic Journal, 37, 28-41

Eaton, J. (1987), A Dynamic Specific-Factors Model of International Trade, Review of Economic Studies, 54, 325-338

Edwards, S. (1989a), Temporary Terms-of-Trade Disturbances, the Real Exchange Rate and the Current Account, Economica, 56, No. 223, 343-357

Edwards, S. (1989b), Tariffs, Capital Controls, and Equilibrium Real Exchange Rates, Canadian Journal of Economics, 22, 79-92

Edwards, S. und J. D. Ostry (1990), Anticipated Protectionist Policies, Real Exchange Rates, and the Current Account- the Case of Rigid Wages, Journal of International Money and Finance, 9, 206-219

Edwards, S. und S. van Wijnbergen (1986), The Welfare Effects of Trade and Capital Market Liberalization, International Economic Review, 27, 141-148

Engel, Ch. und K. Kletzer (1990), Tariffs and Saving in a Model with New Generations, Journal of International Economics, 28, 71-91

Finn, M. G. (1990), On Savings and Investment Dynamics in an Small Open Economy, Journal of International Economics, 29, 1-22

Fischer, S. und J. A. Frenkel (1972), Investment, the Two-Sector Model and Trade in Debt and Capital Goods, Journal of International Economics, 2, 211-233

Fischer, S. und J. A. Frenkel (1972), Economic Growth and Stages of the Balance of Payments, in: Horwich G. und P. A. Samuelson (Eds.), Trade, Stability, and Macroeconomics, New York, 503-521

Frenkel, J. A. und M. L. Mussa (1985), Asset Markets, Exchange Rates, and the Balance of Payments, in: Jones, R. W. und P. B. Kenen (Ed.), Handbook of International Economics, Vol. II, 679-747

Frenkel, J. A. und A. Razin (1985), Government Spending, Debt, and International Economic Interdependence, The Economic Journal, 95, 619-636

Frenkel, J. A. und A. Razin (1986a), Fiscal Policies in the World Economy, Journal of Political Economy, 94, 564-594

Frenkel, J. A. und A. Razin (1986b), The International Transmission and Effects of Fiscal Policies, American Economic Review, Papers and Proceedings, 76, 330-335

Frenkel, J. A. und A. Razin (1994), Fiscal Policies and the World Economy, 2nd ed., Cambridge, London

Gale, D. (1971), General Equilibrium with Imbalance Trade, Journal of International Economics, 1, 141-158

Gandolfo, G. (1994), International Economics I, The Pure Theory of International Trade, 2nd ed., Berlin usw.

Gavin, M. (1990), Structural Adjustment to a Terms of Trade Disturbance, Journal of International Economics, 28, 217-243

Genberg, H. und A. K. Swoboda (1989), Policy and Current Account Determination under Floating Exchange Rates, International Monetary Fund Staff Papers, 36, 1-30

Genberg, H. und A. K. Swoboda (1992), Saving, Investment and the Current Account, Scandinavian Journal of Economics, 94, 347-366

Greenwood, J. und K. P. Kimbrough (1985), Capital Controls and Fiscal Policy in the World Economy, Canadian Journal of Economics, 18, 743-765

Harberger, A. C. (1950), Currency Depreciation, Income, and the Balance of Trade, Journal of Political Economy, 58, 47-60

Heinemann, H.-J. (1992), Sind Salden im internationalen Kapitalverkehr Zeichen für Ungleichgewichte? in: Koehler, C. (Hrsg.), Währungspolitische Probleme im integrierten Europa, Berlin, 125-137

Henderson, J. M. und R. E. Quandt (1983), Mikroökonomische Theorie, 5. Aufl., München

Hesse, H. und R. Linde (1976), Gesamtwirtschaftliche Produktionstheorie, Würzburg und Wien

Hirshleifer, J. (1974), Kapitaltheorie, Köln

Howard, D. H. (1989), Implications of the US Current Account Deficit, The Journal of Economic Perspectives, 3, 153-165

Issing, O. und K. Masuch (1989), Zur Frage der normativen Interpretation von Leistungsbilanzsalden, Kredit und Kapital, 22, 1-17

Issing, O. und K. Masuch (1990), Leistungsbilanzsalden und Wirtschaftspolitik - Eine Replik, Kredit und Kapital, 23, 121-124

Jones, R. W. (1965), The Structure of Simple General Equilibrium Models, Journal of Political Economy, 73, 557-572

Karayalcin, C. (1994), Adjustment Costs in Investment, Time Preferences, and the Current Account, Journal of International Economics, 37, 81-95

Kater, U. (1995), Dienstleistungen in der Realen Außenwirtschaftstheorie, Frankfurt usw.

Kemp, M. C. (1969) The Pure Theory of International Trade and Investment, Englewood Cliffs

Köhler, C. (1990), Internationalökonomie - Ein System offener Volkswirtschaften, Berlin

Laursen, S. und L. A. Metzler (1950), Flexible Exchange Rates and the Theory of Employment, Review of Economics and Statistics, 32, 281-299

Leiderman, L. und A. Razin (1989), Current Account Dynamics: the Role of Real Shocks, International Monetary Fund Working Paper, 89/80, Washington

Lopez, R. E. und A. Panagariya (1990), Temporary Trade Taxes, Welfare and the Current Account, Economics Letters, 33, 347-351

Lucas, R. E. (1967), Adjustment Costs an the Theory of Supply, Journal of Political Economy, 75, 321-334

Marion, N. P. (1984), Nontraded Goods, Oil Price Increase and the Current Account, Journal of International Economics, 16, 29-44

Marion, N. P. und L. E. O. Svensson (1984), World Equilibrium with Oil Price Increases: An Intertemporal Analysis, Oxford Economic Papers, 36, 56-102

Matsuyama, K. (1987), Current Account Dynamics in a Finite Horizon Model, Journal of International Economics, 23, 299-313

Matsuyama, K. (1988), Terms-of-trade, Factor Intensities and the Current Account in a Life-Cycle Model, Review of Economic Studies, 55, No. 182, 247-262

Mendoza, E. G. (1991), Capital Controls and the Gains from Trade in a Business Cycle Model of a Small Open Economy, International Monetary Fund Staff Papers, 38, 480-505

Murphy, R. G. (1986a), Productivity Shocks, Non-Traded Goods and Optimal Capital Accumulation, European Economic Review, 30, 1081-1095

Murphy, R. G. (1986b), Tariffs, Non-Traded Goods and Fiscal Policy, International Trade Journal, 1, 193-211

Murphy, R. G. (1988), Sector-specific Capital and Real Exchange Rate Dynamics, Journal of Economic Dynamics and Control, 12, 7-12

Murphy, R. G. (1989), Stock Prices, Real Exchange Rates, and Optimal Capital Accumulation, International Monetary Fund Staff Papers, 36, 102-129

Murphy, R. G. (1992), The Terms of Trade, Investment, and the Current Account, Journal of International Economic Integration, 7, 58-79

Mussa, M. (1978), Dynamic Adjustment in the Heckscher-Ohlin-Samuelson Model, Journal of Political Economy, 86, 775-791

Neary, J. P. (1980), Nontraded Goods and the Balance of Trade in a Neo-Keynesian Temporary Equilibrium, Quarterly Journal of Economics, 95, 403-429

Obstfeld, M. (1980), Intermediate Imports, the Terms of Trade, and the Dynamics of the Exchange Rate and Current Account, Journal of International Economics, 10, 461-480

Obstfeld, M. (1982), Aggregate Spending and the Terms of Trade: Is there a Laursen-Metzler-Effect?, Quarterly Journal of Economics, 97, 251-270

Obstfeld, M. (1983), Intertemporal Price Speculation and the Optimal Current-Account Deficit, Journal of International Money and Finance, 2, 135-145

Obstfeld, M. und K. Rogoff (1995), The Intertemporal Approach to the Current Account, in: Grossman, G. und K. Rogoff (Eds.), Handbook of International Economics, Vol. III, 1731-1799

Obstfeld, M. und K. Rogoff (1996), Foundations of International Macroeconomics, Cambridge, London

Ostry, J. D. (1988), The Balance of Trade, Terms of Trade, and Real Exchange Rate - an Intertemporal Optimizing Framework, International Monetary Fund Staff Papers, 35, 541-573

Ostry, J. D. (1990), Tariffs and the Current Account- the Role of Initial Distortions, Canadian Journal of Economics, 23, 348-356

Persson, T. (1982), Global Effects of National Stabilization Policies under Fixed and Floating Exchange Rates, Scandinavian Journal of Economics, 84, 165-192

Persson, T. und L.E.O. Svensson (1983), Is Optimism Good in a Keynesian Economy?, Economica, 50, 291-300

Persson, T. und L. E. O. Svensson (1985), Current Account Dynamics and the Terms of Trade: Harberger-Laursen-Metzler Two Generations Later, Journal of Political Economy, 93, 43-65

Pohl, R. (1988), Staatsdefizite und Zahlungsbilanz, in: Filc, W. u.a. (Hrsg.), Herausforderungen der Wirtschaftspolitik, Berlin

Razin, A. (1984), Capital Movements, Intersectoral Resource Shifts and the Trade Balance, European Economic Review, 26, 135-152

Roldos, J. E. (1991), Tariffs, Investment and the Current Account, International Economic Review, 32, 175-194

Romer, D. (1996), Advanced Macroeconomics, New York usw.

Rose, K. (1987), Grundlagen der Wachstumstheorie, Göttingen

Rübel, G. (1988a), Factors Determining External Debt: An Intertemporal Study, Berlin usw.

Rübel, G. (1988b), Intertemporale Zahlungsbilanztheorie, in: Hemmer, H.-R. (Hrsg.), Außenwirtschaft, Göttingen, 102-110

Rübesamen, D. (1996), Ersparnis, Investition und Leistungsbilanz - eine intertemporale Analyse, Wirtschaftswissenschaftliches Studium, 25, 292-298

Sachs, J. D. (1981), The Current Account and Macroeconomic Adjustment in the 1970s, Brooking Papers on Economic Activity, 201-282

Sachs, J. D. (1982), The Current Account in the Macroeconomic Adjustment Process, Scandinavian Journal of Economics, 84, 147-159

Salter, W. (1959), Internal and External Balance: The Role of Price and Expenditure Effects, Economic Record, 35, 226-238

Sauernheimer, K. (1986), Die Gütermärkte in makroökonomischen Modellen offener Volkswirtschaften, Wirtschaftswissenschaftliches Studium, 15, 238-244

Schröder, W. (1989), Anmerkungen zur normativen Interpretation von Leistungsbilanzsalden, Kredit und Kapital, 22, 508-519

Sen, P. (1994), Savings, Investment, and the Current Account, in: van der Ploeg, F. (Ed.), The Handbook of International Macroeconomics, Oxford, Cambridge, 506-534

Sen, P. und St. J. Turnovsky (1989), Tariffs, Capital Accumulation, and the Current Account in a Small Open Economy, International Economic Review, 30, 811-831

Sen, P. und St. J. Turnovsky (1990), Investment Tax Credit in an Open Economy, Journal of Public Economics, 42, 277-299

Siebert, H. (1987), Foreign Debt and Capital Accumulation, Weltwirtschaftliches Archiv, 123, 618-630

Siebert, H. (1988), Anpassungsprozesse in einer offenen Volkswirtschaft mit nicht-handelbaren Gütern, in: Dürr, E. und H. Sieber (Hrsg.), Weltwirtschaft im Wandel - Festgabe für Egon Tuchfeldt zum 65. Geburtstag, Bern und Stuttgart, 47-65

Siebert, H. (1989), The Half and the Full Debt Cycle, Weltwirtschaftliches Archiv, 125, 217-229

Smith, A. (1984), Capital Theory and Trade Theory, in: Jones, R. W. und P. B. Kenen (Eds.), Handbook of International Economics I, Amsterdam, 289-324

Svensson, L. E. O. (1984), Oil Prices, Welfare and the Trade Balance: An Intertemporal Approach, Quarterly Journal of Economics, 99, 649-672

Svensson, L. E. O. und A. Razin (1983), The Terms of Trade and the Current Account: The Harberger-Laursen-Metzler-Effect, Journal of Political Economy, 91, 97-125

Swan, T. (1960), Economic Control in a Dependent Economy, Economic Record, 36, 51-66

Turnovsky, St. J. (1991), Tariffs and Sectoral Adjustment in an Open Economy, Journal of Economic Dynamics and Control, 15, 53-89

Turnovsky, St. J. und P. Sen (1995), Investment in a Two-Sector Dependent Economy, Journal of the Japanese and International Economies, 9, 29-55

Van Wijnbergen, S. J. (1984), The Optimal Investment and Current Account Response to Oil Price Shocks under Putty-Clay Technology, Journal of International Economics, 17, 139-147

Van Wijnbergen, S. J. (1985), Oil Price Shocks, Unemployment, Investment and the Current Account - an Intertemporal Disequilibrium Analysis, Review of Economic Studies, 52, 627-645

Van Wincoop, E. (1993), Structural Adjustment and the Construction Sector, European Economic Review, 37, 177-201

Varian, H. R. (1994), Mikroökonomie, 3. Aufl., München und Wien

Walter, H. (1977), Technischer Fortschritt I: in der Volkswirtschaft, in: Albers, W. u. a. (Hrsg.), Handwörterbuch der Wirtschaftswissenschaft, Bd. 7, Stuttgart usw., 569-583

Wong, K.-Y. (1995), International Trade in Goods and Factor Mobility, Cambridge u. London

Woodland, A. D. (1982), International Trade and Resource Allocation, Amsterdam usw.

Zis, G. (1988), Theories of Balance of Payments and Exchange Rate Determination, in: Zis, G. et. al. (Eds.), International Economics, 66-164

Kolibri 360 GmbH
Ferdinand-Jühlke-Straße 7
99095 Erfurt, Deutschland
produktsicherheit@kolibri360.de

Druck:
CPI Druckdienstleistungen GmbH
im Auftrag der
Kolibri 360 GmbH
Ferdinand-Jühlke-Str. 7
99095 Erfurt